JN436377

石隱, 藝에 노닐다

四書의 名言과 自吟

丁奎元 著

국립중앙도서관 출판예정도서목록(CIP)

四書의 名言과 自吟 : 石隱, 藝에 노닐다
지은이: 정규원.
서울 : 다운샘, 2017
p. ; cm

ISBN 978-89-5817-397-7 93810 : ₩30000

서예[書藝]
한시[漢詩]

640.911-KDC6
745.61095195-DDC23
CIP2017031385

心正 筆正

書藝는 그 사람의 외모와 人品, 敎養, 學德 등이 내포되어 있는 곧 書如其人이다. 옛날에는 시·서·화를 능히 갖춘 사람을 높이 평가하고, 상위계층의 상징으로 생각했다. 서예는 하나의 추상 예술로서 美를 함축하고 혼이 들어있어야 한다. 그러나 지금까지 많은 사람들이 미적 작업에 매달리면서도 美라 함을 딱히 표현하기가 어렵다. 서예는 '書'자에서 보듯이 다섯 손가락으로 통하여 붓을 잡고, 심중이 가는 문장을 표현하며, 붓을 다스리기를 전쟁에서 용병을 잘 다스리듯이 능히 제압하는데 있다. 붓을 제압하지 못하면 마음에서 멀어지고, 생각이 또한 정리가 안 되면 글씨는 자연스러울 수가 없다. 글씨도 筋力과 用力과 人力이 필요하다. 즉 인내로 명필이 될 수 있다는 말이다.

『論語』「爲政篇」에 '子曰 溫故而知新 可以爲師矣'라 하였다. 변화하되 옛것을 돌아보고 새로운 것을 익혀 나가면 스승이 될 수 있다는 말이다. 서예는 임첩·모첩·독첩이 있다. 臨帖은 벽에 걸거나 책상 위에 펼쳐 字·劃·點 그리고 筆意에 따라 모방하여 쓰는 격이다. 募帖은 얇고 투명한 종이에 먹이 스며들지 않게 종이를 법첩 위에 올려놓고 그대로 모사하는 것이다. 讀帖은 문장을 읽으면서 이치를 분석하여 용필의 방법을 분석한다. 讀帖을 할 때 주의사항은 起筆·收筆·行筆·過筆·枯潤·濃淡, 획과 점 사이에 形質感이 중요하고, 더 나아가 운필은 九勢로 나눠진다. 背勢·異勢·形勢·體勢·疾勢·澀勢·向勢·織勢·取勢가 되어야 하고, 方筆과 圓筆에 따라서 筆力이 또한 달라져야 한다. 方筆은 測鋒을 쓰며 圓筆은 中鋒을 쓴다. 『藝舟雙楫』에 보면 包世臣은 서법의 묘는 운필에 있다고 했다. 서예는 圓과 方을 잘 이용할 줄 알아야 한다. 圓과 方을 잘 운전하고 익숙하면 교묘해 진다. 또 方筆은 頓筆로, 圓筆은 提筆로 쓰면 점과 획이 힘이 있는 태세와 풍모가 있고, 또 강경하고 웅장한 미학적 품격이 나타난다. 서예는 붓에 의하여 자형을 만들고 먹을 이용하여 형태를 이루면서, 질박하고 온후하고 단정하면서 중후하고 온건함으로, 군세어지고 세련된 특징을 나타내고 있다.

『論語』「述而篇」에 보면 '子曰 志於道 據於德 依於仁 游於藝'라 했으니, 인간은 살아가는데 사람으로서 덕목을 지키고, 이웃과 공유하고 남을 배려하며, 한 가지의 취미로 평생을 늙어간다. 사람은 도에 뜻을 두며 덕을 지키며, 인에 의지하며 예에 노닐어야 한다는 말이다. 진리 탐구에 뜻을 두고 덕에 의거하여 행동하며, 인을 베풀면서 육예(禮・樂・射・御・書・數)의 교양을 갖추어야 비로소 완전한 인격자가 된다는 말이다. 즉 군자가 갖추어야 할 네 가지 道・德・仁・游의 요목을 말한 것이다. 또『論語』「陽貨篇」에 '子謂白魚曰 女爲周南小南矣乎 人而不爲周南小南 其猶正牆面而立也與'라는 말은 공자께서 백어에게, "시경 첫머리에 있는 주남, 소남편을 배웠느냐. 주남, 소남을 배우지 않으면 담장 정면에 마주하는 것과 같다."고 하신 말이다. 주남, 소남의 편명은 몸을 닦고 집안을 다스리는 일이다. 즉 수신이다. 서예도 마음과 몸을 닦는 일이다. 또『論語』「爲政篇」에 '子曰 詩三百 一言而蔽之 曰 思無邪'는, 시경에 있는 모든 시는 한마디로 대표할 만하고 간사함이 없다는 말이다. 서예라 함은 좋은 문장을 쓰는 일이고, 또 시는 작품 세계에서 빠질 수 없는 일이기에, 필사를 떠나 시 한 수 할 수 있는 능력을 키우고, 한학에도 더욱 노력할 필요가 있다.

어려서부터 한문이 좋아 가학을 하여, 나이 50에 이르러서는 한시의 매력에 빠져 전국 한시 공모전에서 큰 상을 수없이 받았다. 한때는 전각에도 심취되어 전각 공모전에도 수없이 도전을 하고, 직장과 서예를 병행하며 국내 큰 공모전에 응모하여 초대작가가 되고 심사도 많이 했다. 이제는 한시와 서예 그리고 한학을 후학들에게 지도하며, 작품에도 심혈을 기울이고, 항상 새로운 것에 도전하는 자세로 살면서, 늘 서예 전시에 대한 욕구가 가슴 한 편에 쌓이면서 세월을 보내고 있던 차에, 이번 포항 미술협회에서 우수작가로 선정되는 기회가 주어져 새로운 도약으로 생각하고, 한시집을 겸한 서집 출간과 함께 더불어 이번 전시를 하게 되었다. 항상 부족하고 어려운 가운데 이 시간까지 도와준 많은 분들께 감사드린다.

丁酉年 學古齋에서 茶民 丁奎元

목차

四書의 名言

1. 子曰 年 四十而見惡〔오〕焉 其終也已.

- 『論語』「陽貨篇」
- 35㎝x65㎝

공자 말씀하시기를, 나이가 사십이 되어서도 미움을 받으면 그 인생은 보잘 것 없는 것이다.

[공자도 四十이 불혹(不惑)이라 덕이 이루어지는데 남에게 미움을 받는다면 여기에 끝날 뿐이다. 사람들에게 제때에 도가 미쳐 선으로 옮기고 허물을 그칠 것을 권면 하신 것이다.]

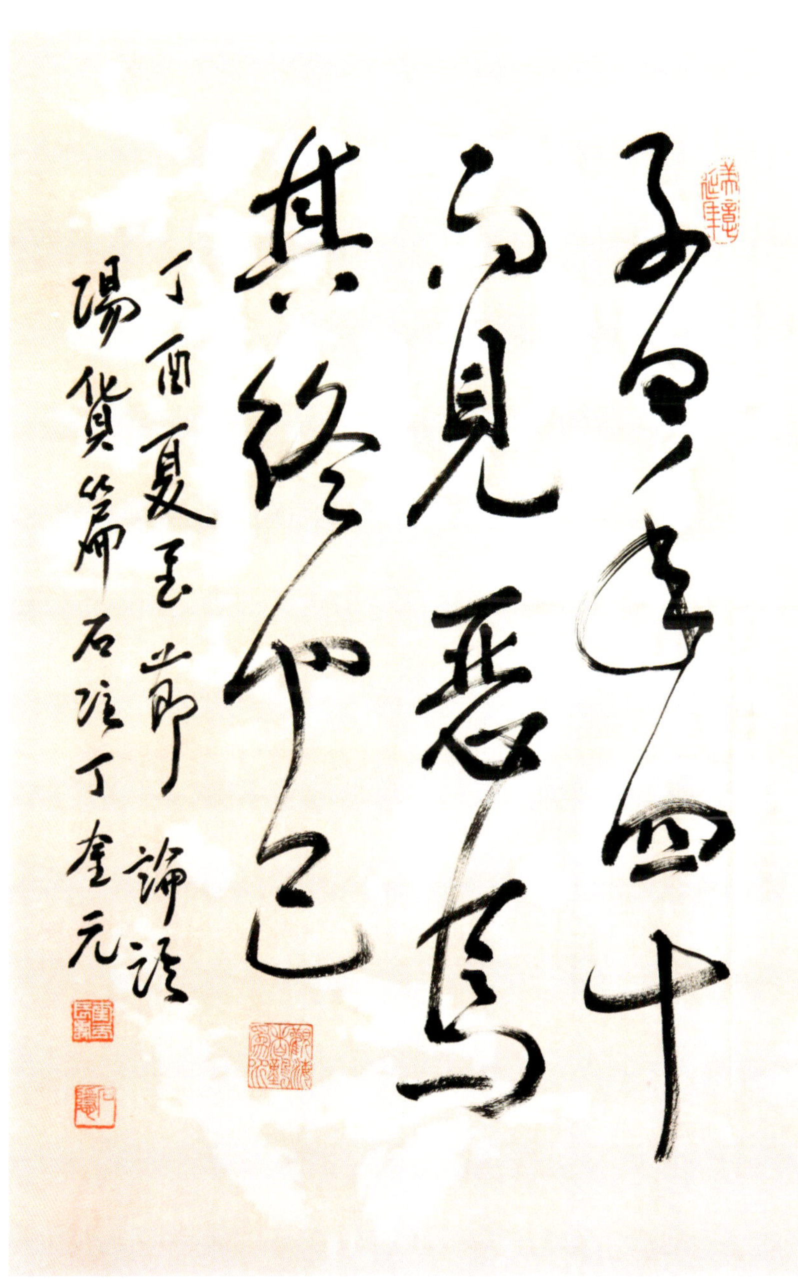
子曰年四十
而見惡焉
其終也已
丁酉夏至節 論語
陽貨篇 石涯丁奎元

2. 天命之謂性 率性之謂道 修道之謂敎.

〔性道敎〕

- 『中庸』「第一章」
- 35㎝x60㎝

하늘이 명한 것은 성이라 하고, 성에 따라 행하는 것은 도라 하고, 도를 닦는 것은 교라고 한다.

[하늘이 인간에게 내려준 것 그것은 인간의 성이다. 그 성을 좇는 것이 인간의 도이고 그 도를 닦는 것이 교육이다. 즉 도의 근본이 하늘로부터 나온 것임을 말하고 있다. 이것이 중용 전체를 꿰뚫고 있는 사상이다.]

天命之謂性率性之謂道
性
道
教
修道之謂教中庸句

3. 曰 今之成人者 何必然 見利思義 見危授命 久要 不忘平生之言 亦可以爲成人矣.

〔義命 見利思義 見危授命〕

- 『論語』「憲問篇」
- 35㎝x60㎝

공자가 말씀하시기를, 지금의 성인은 어찌 굳이 그러한 것이 있겠는가. 이(利)를 보면 의(義)를 생각하고 위태함을 보면 목숨을 바치며, 오랜 약속에 평소의 말을 잊지 않는다면 또한 성인이라 할 수 있을 것이다.

[이익이 눈앞에 왔을 때 그 이익이 정당한 것인지 아닌지를 잘 생각하고 잘 판단해야 한다. 또 위급한 일, 즉 나라가 위태로운 지경에 이르면 그때는 기꺼이 목숨을 내놓고 나라를 구한다.]

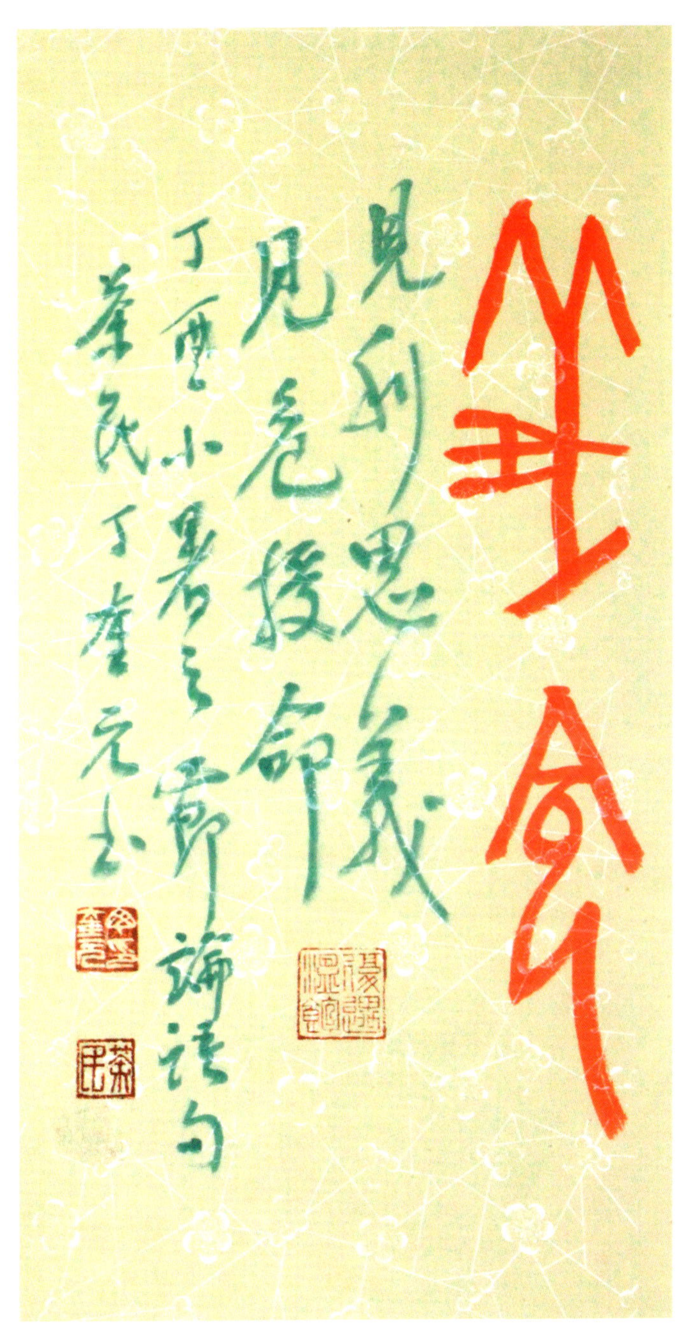
見利思義
見危授命

4. 子曰 君子 欲訥於言而敏於行.

〔訥言敏行〕

- 『論語』「里仁篇」
- 65㎝x35㎝

공자 말씀하시기를, 군자는 말은 어눌하고자 하고 실행은 민첩하고자 한다.

[함부로 말함은 쉽다. 그러므로 어눌하고자 하고 힘써 행함은 어렵다. 그러므로 민첩해야 된다.]

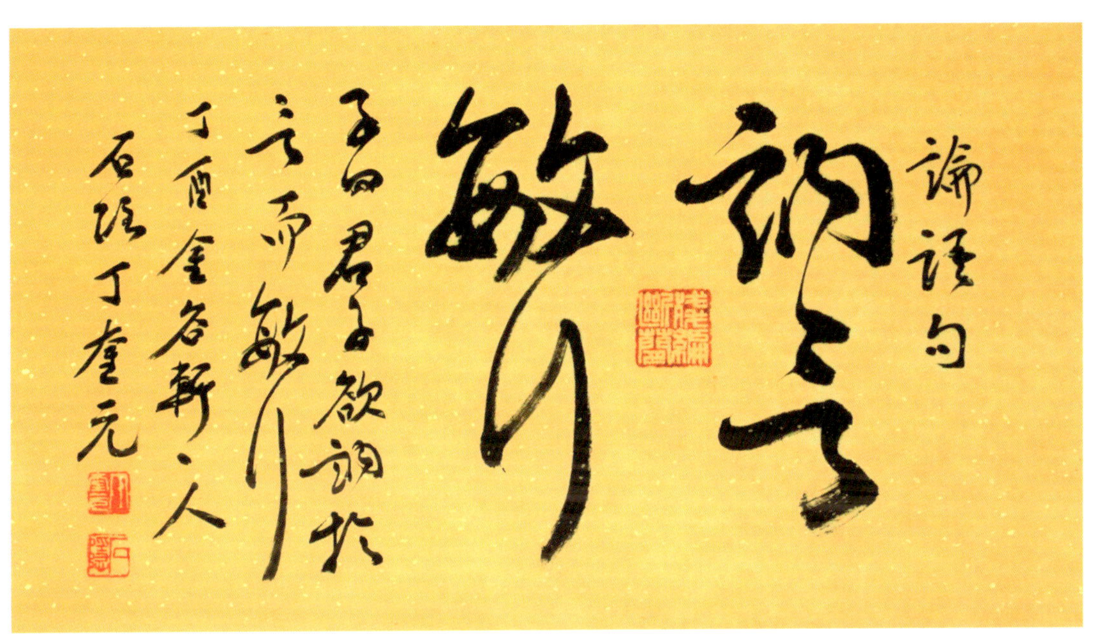
論語句
訥言敏行
子曰君子欲訥於
言而敏行

5. 楚書曰 楚國 無以爲寶 惟善 以爲寶.
〔惟善爲寶〕

- 『大學』「傳之十章」
- 55㎝x35㎝

오직 선을 보배로 삼는다.

[초나라에는 金玉을 보배로 여긴 것이 아니라 어진 인재를 보배로 삼았음을 말한 것이다.]

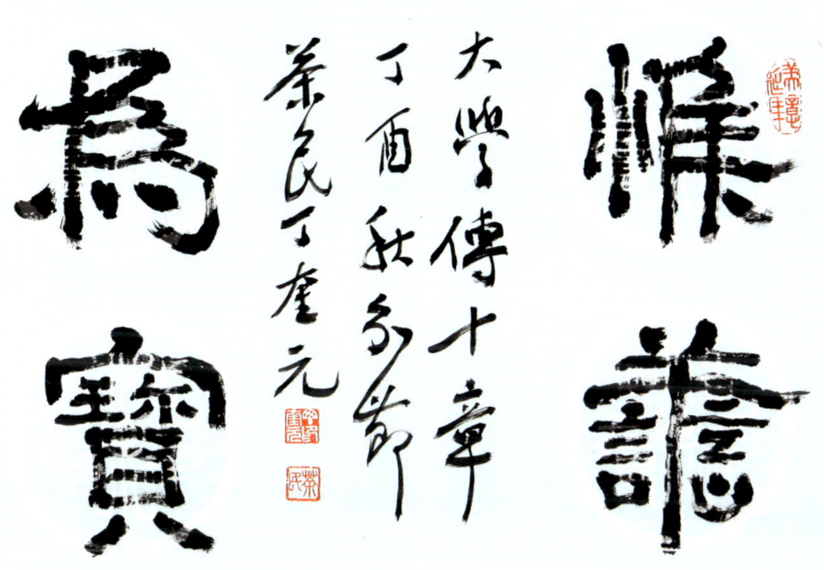
惟善爲寶
大學傳十章
丁酉秋分節
茶民丁奎元

6. 子曰 由 誨女知之乎 知之爲知之 不知爲不知 是知也.

- 『論語』「爲政篇」
- 35㎝x70㎝

공자 말씀하시기를, 유야, 너에게 아는 것을 하나 가르쳐 주겠노라. 아는 것을 안다고 하고 모르는 것을 모른다고 하는 것이 이것이 아는 것이다.

[이 세상에는 모르는 것도 아는 체하고 어리석으면서도 똑똑한 체하는 사람이 너무도 많다. 그러므로 모르는 것을 솔직하게 모른다고 하는 사람이야 말로 학문을 제대로 할 사람이다.]

子曰誨女知之乎
知之為知之
不知為不知
是知也

丁酉秋 論語為政篇 石隱

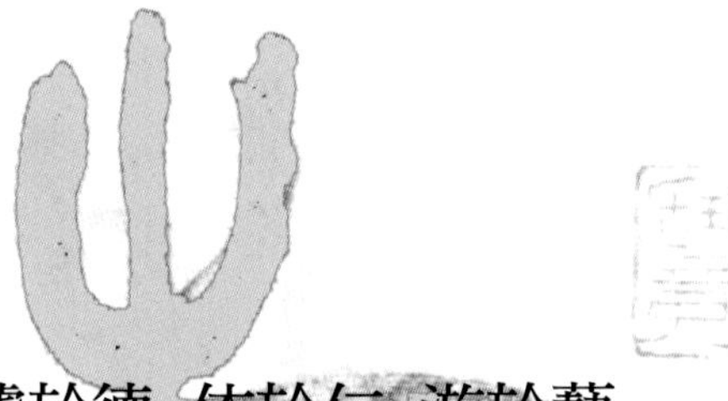

7. 子曰 志於道 據於德 依於仁 游於藝.

〔游於藝〕

- 『論語』「述而篇」
- 45㎝x52㎝

공자가 말씀하기를, 도에 뜻을 두며, 덕을 지키며, 인에 의지하며, 예에 또한 노닐어야 한다.

[진리 탐구에 뜻을 두고 덕에 의거하여 행동하며, 인을 베풀면서 육예(六藝)의 교양을 갖추어야 비로소 완전한 인격자가 된다.]

8. 子 以四敎 文行忠信.

〔文行忠信〕

- 『論語』「述而篇」
- 50㎝x35㎝

공자는 네 가지로써 가르치셨으니, 문·행·충·신이었다.

[사람을 가르치되, 글을 배우고 행실을 닦으며 충신을 마음에 보존하게 한 것이니, 이 중에 충신이 근본이다.]

論語句
文行忠信
丁酉秋

9. 君子 戒愼乎其所不睹 恐懼乎其所不聞.

- 『中庸』「第一章」
- 30㎝x70㎝

군자는 그 보이지 않는 바를 경계하고 삼가며 그 들리지 않는 바를 두려워해야 한다.

[군자는 사람들이 보고 듣는 자리에서뿐만 아니라, 보이지 않는 곳에서도 몸을 삼가고 듣지 않은 곳에서도 두려운 마음을 가져야 한다. 그러므로 군자는 언행에 떳떳해야 한다.]

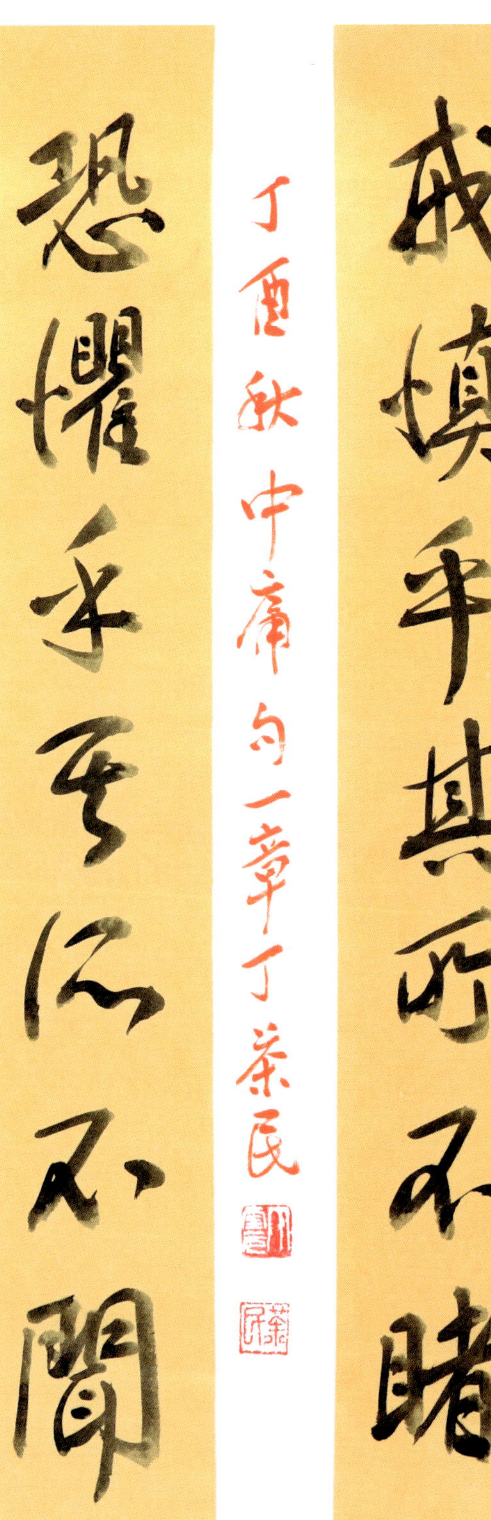
戒慎乎其所不睹
丁酉秋中庸句一章丁茶民
恐懼乎其所不聞

10. 子曰 非其鬼而祭之諂也 見義不爲 無勇也.

〔見義不爲 無勇也〕

- 『論語』「爲政篇」
- 35㎝x60㎝

공자가 말씀하시기를, 그 제사지내야 할 귀신이 아닌데 제사하는 것은 아첨함이요, 옳은 일을 보고도 행하지 않음은 용기가 없는 것이다.

[의롭게 하는 것이 옳은 일인 줄 알면서도 자기 이익 때문에 또는 몸을 보호하기 위하여 그렇게 하지 않는다. 그러나 군자는 옳은 일인 줄 알면 언제라도 용기 있는 행동을 하는 것이다.]

見義不爲
無勇也

丁酉雨水節錄論語爲政篇
金石軒主人 丁奎元

11. 子曰 篤信好學 守死善道.

- 『論語』「泰伯篇」
- 50㎝x75㎝

공자 말씀하시기를, 믿음으로 돈독하게 배우기를 좋아하며, 죽음으로써 지키면서 도를 잘해야 된다.

[독실하게 믿기만 하고 배움을 좋아하지 않으면 정도가 아니며 죽음으로 도를 지키지 못한다.]

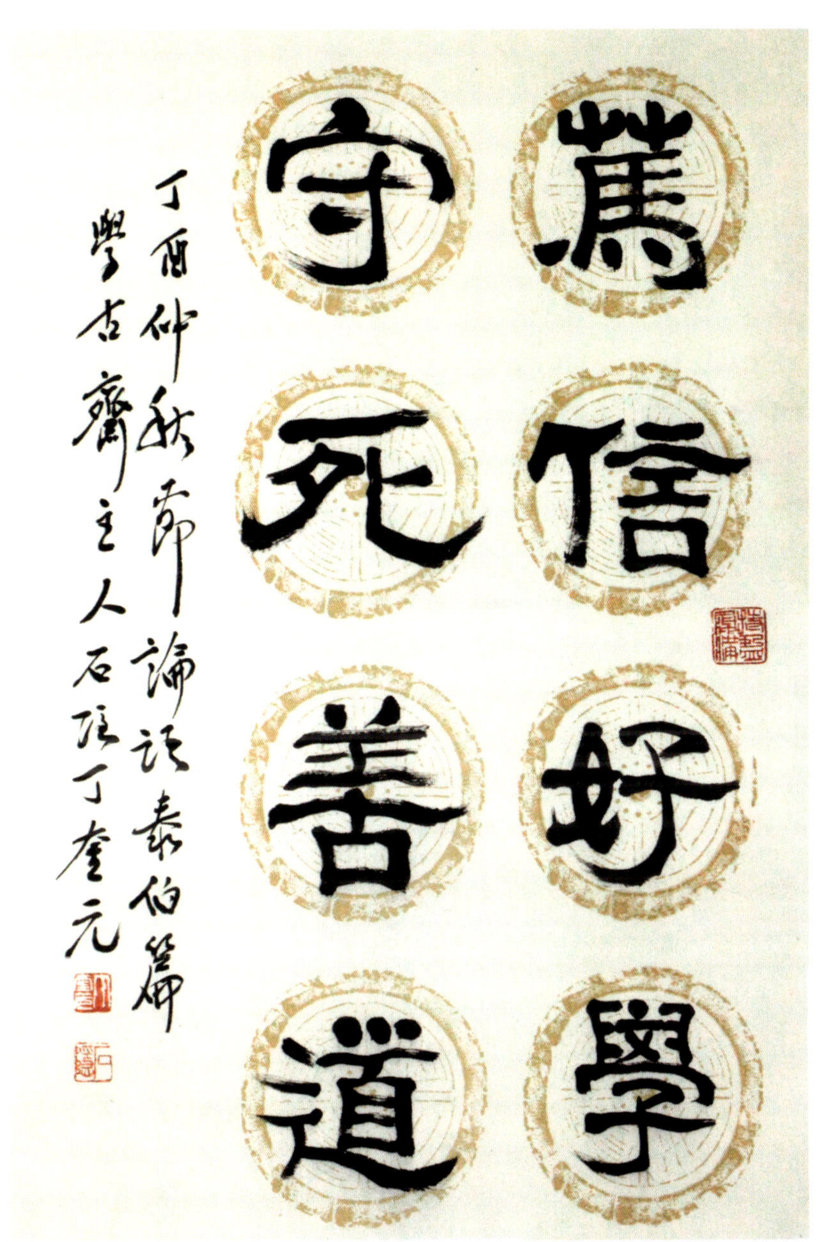
篤信好學
守死善道

12. 詩云 永言配命 自求多福 太甲曰 天作孼 猶可違 自作孼 不可活 此之謂也.

〔永言配命 自求多福〕

- 『孟子』「公孫丑章句上」
- 35㎝x70㎝

시경에 이르기를, 영원이 천명에 배합할 것은 스스로 많은 복을 구하는 것이다. 서경 태갑에 이르기를, 하늘이 지은 재앙은 살길이 없다 하였으니 이것을 말하는 것이다.

[하늘에 지은 죄는 오히려 피할 수 있으나 스스로 지은 재앙은 살길이 없다. 그러므로 하늘의 명에 따르면 많은 복이 스스로 들어온다.]

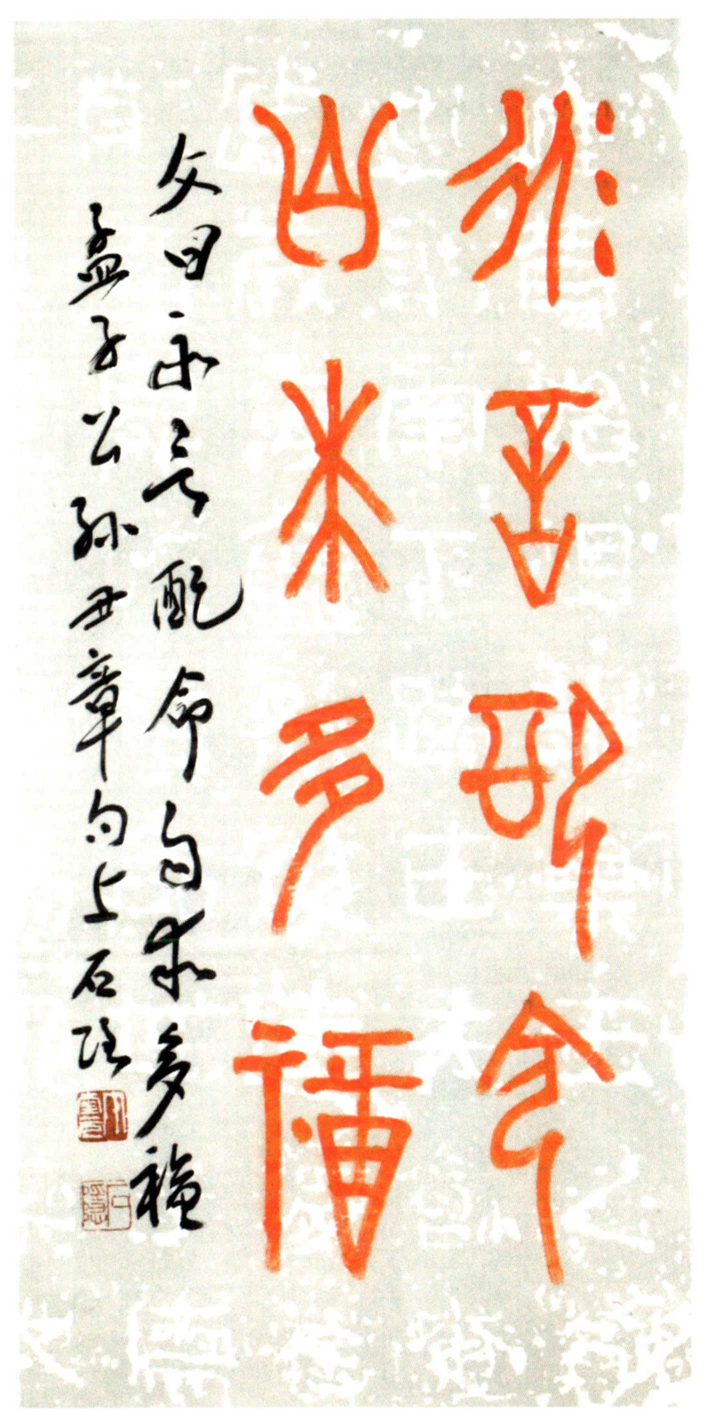

13. 子在川上曰 逝者如斯夫 不舍晝夜.

- 『論語』「子罕篇」
- 35㎝x70㎝

공자께서 시냇가에 계시면서 말씀하시기를, 가는 것이 이와 같구나, 밤낮을 그치지 않는구나.

[천지의 조화가, 가는 것은 지나가고 오는 것이 이어져서 한 순간의 그침이 없으니 바로 도체의 본연이다. 여기서 흐름을 보고 배우는 자가 때때로 성찰하여 털끝만 한 것도 사심이 없게 하고자 하신 것이다.].

子在川上曰逝者如斯夫不舍晝夜

錄論語子罕篇丁酉仲秋節

書於奎谷軒、人丁奎元

14. 學問之道 無他 求其放心而已矣.

- 『孟子』「告子章句 上」
- 30㎝x70㎝

학문의 길은 다른 것이 없다. 그 놓친 방심의 마음을 찾는 것일 뿐이다.

[사람은 작은 물건을 잃어버리면 곧잘 찾아내지만 그 귀중한 공부 마음을 잃고는 좀처럼 찾으려 하지 않는다. 학문의 길이란 잃어버린 공부의 뜻을 찾는데 있는 것이다.]

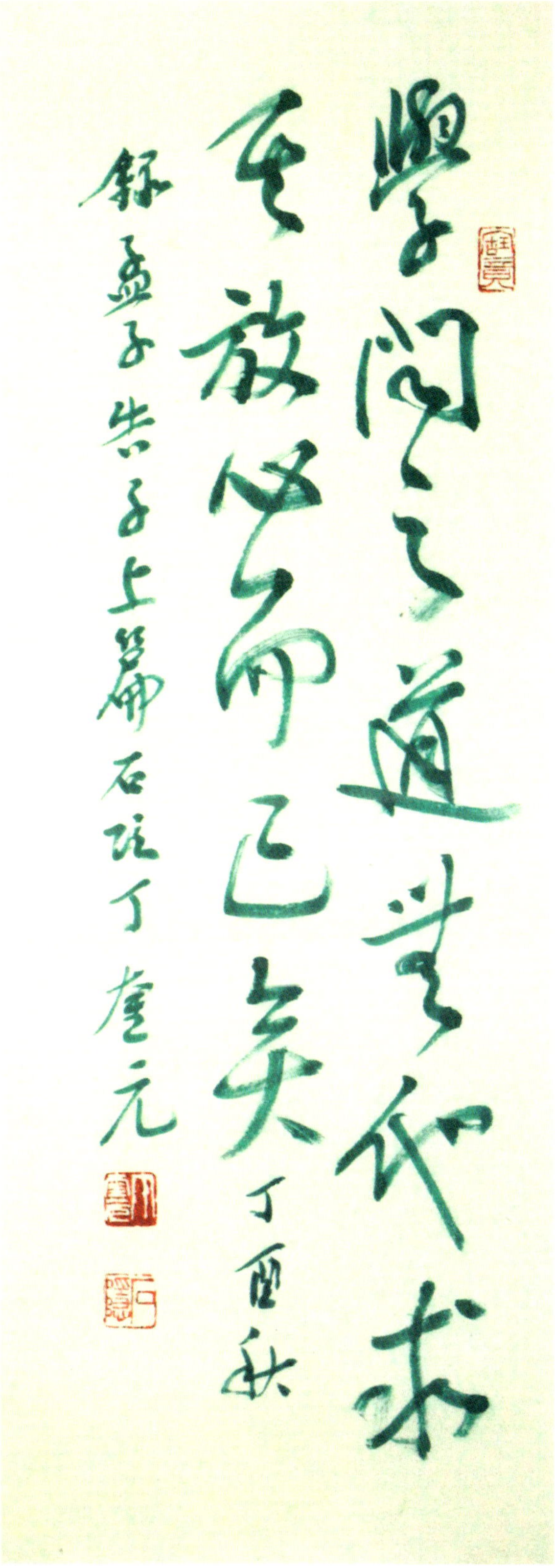
學問之道無他求
其放心而已矣
丁酉秋
錄孟子告子上篇

15. 伊尹 相湯 以至於天下 湯崩 太丁 未立 外丙 二年 仲壬 四年 太甲 顚覆湯之典刑 伊尹 放之於桐三年 太甲 悔過 自怨自艾〔예〕 於桐 處仁遷義 三年 以聽伊尹之訓己也 復歸于亳.

〔處仁遷義〕

- 『孟子』「萬章章句上」
- 60㎝x35㎝

인에 처하고 의에 옮긴다.

[이윤이 탕왕을 도와 천하에 왕 노릇하게 하였는데, 탕왕이 붕어하시니 태정은 즉위하지 못하고 죽었으며, 와병은 2년이요 중임은 4년을 하였다. 태갑이 탕왕의 떳떳한 법을 전복시키거늘 이윤이 그를 동땅에 3년 동안 유폐시키니, 태갑이 자신의 과오를 뉘우쳐 스스로 원망하고 스스로 다스려 동땅에서 인에 처하고 의에 옮기기를 3년 동안 하여, 이윤이 자기를 훈계한 것을 따라 박읍으로 돌아왔다.]

16. 子曰 學而時習之 不亦說〔悅〕乎 有朋 自遠方 來 不亦樂乎 人不知而不慍 不亦君子乎.

- 『論語』「學而篇」
- 50㎝x70㎝

공자 말씀하시기를, 글을 배우고 그것을 때때로 익히면 기쁘지 않겠는가. 친구가 먼 지방에서 찾아온다면 또한 즐겁지 않겠는가. 사람들이 자기를 알아주지 않더라도 서운해 하지 않는다면 또한 군자가 아니겠는가.

[1. 사람들은 한번 배우면 그것으로써 다 아는 것처럼 생각한다. 배운 바를 자주자주 익히고 실천해 나가야 뜻을 알고 그 체득의 기쁨이야말로 배움의 참된 기쁨이 아니겠는가.
2. 높은 스승 밑에서 학문을 배우게 되니 가까운 데는 물론 먼 곳 친구들이 찾아오니 뜻이 맞고 의기 통하는 벗들과 사귀게 되니 이 어찌 반갑고 즐거운 일이 아니겠는가.
3. 남들이 자기 학문이나 능력을 인정해 주지 않는다 할지라도 마음에 노여움을 갖지 않고 泰然自若하게 스스로 믿고 사는 사람, 이런 사람이야말로 군자라 할 수 있지 않겠는가.]

子曰學而時習之不亦說乎有朋自遠方來不亦樂乎人不知而不慍不亦君子乎

論語學而篇

丁酉夏

17. 天下之達道五 所以行之者三 曰 君臣也 父子也 夫婦也 昆弟也 朋友之交也五者 天下之達道也 知〔智〕仁勇 三者 天下之達德也 所以行之者 一也.

〔知仁勇 三者 天下之達德也〕

- 『中庸』「第二十章」
- 25㎝x70㎝

知 · 仁 · 勇 이 세 가지는 達德〔공통된 德〕이니라.

[知 · 仁 · 德 이 세 가지 덕은 천하의 달덕이다. 즉 오륜의 이치를 분명히 알아야[知] 하고, 오륜의 덕을 닦아야[仁] 하고, 오륜을 용감히 실천해야[勇] 하는 것이다.]

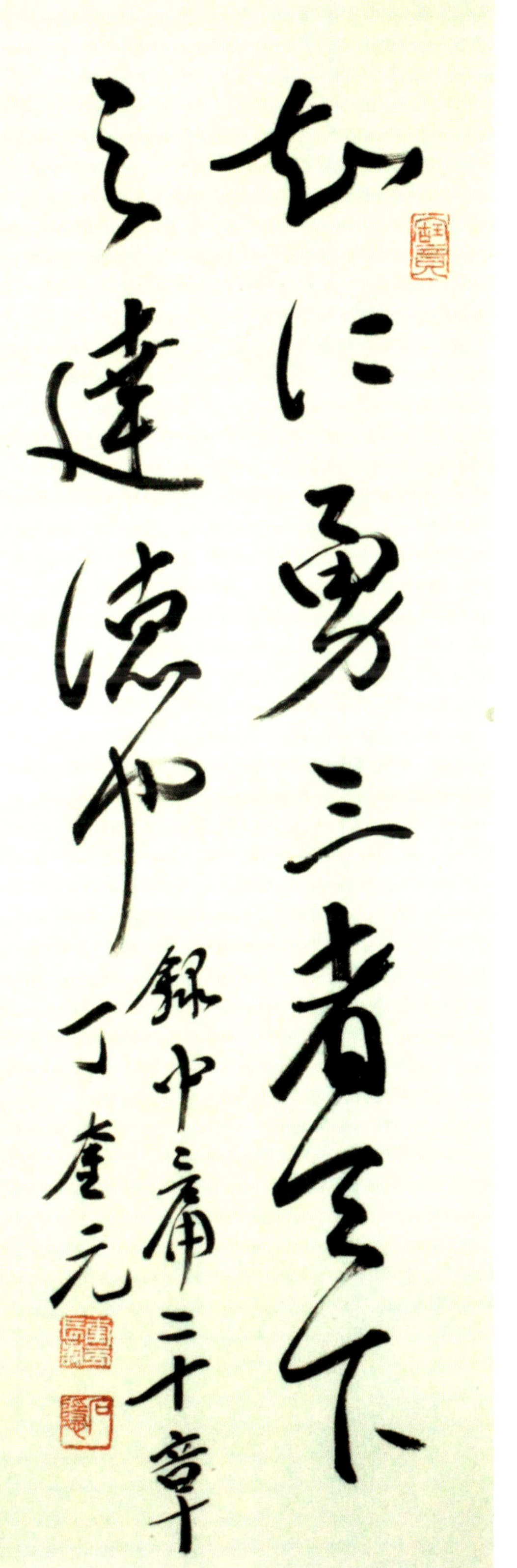
知仁勇三者天下之達德也
錄中庸二十章
丁奎元

18. 仁者無敵 王請勿疑.

〔仁者無敵〕

- 『孟子』「梁惠王章句 上」
- 50㎝x35㎝

인자한 사람에게는 적이 없습니다. 청컨대 왕은 의심하지 마소서.

[양의 혜왕이 굴욕을 씻으려면 어떻게 하면 좋으냐고 물었을 때, 어진 사람에게는 적이 없듯이 인정을 베풀고 백성을 편안케 하는 첫째 조건이라고 말하다.]

仁者無敵

19. **敢問夫子 惡[오]乎長 曰我 知言 我 善養吾浩然之氣.**

〔浩然之氣〕

- 『孟子』「公孫丑章句 上」
- 35㎝x80㎝

공손축이 감히 묻기를, 선생님은 어디에 장점이 계십니까. 맹자 말씀 하시기를, 나의 말을 알며 나는 나의 호연지기를 잘 기르고 있다.

[맹자는 호연지기를 말로는 설명하기 어렵다고 했다. 그 기운은 몹시 크고 굳센 것으로, 또 그것을 올바르게 길러서 해침이 없다면 하늘과 땅 사이에 충만하게 될 것이다. 즉 그 기운은 義와 道에 부합되는 공명정대한 것이다.]

浩然之氣
孟子公孫丑章句上
我善養吾浩然之氣
丁酉秋石隱丁奎元書

20. 彭更 問曰 後車數十乘 從者數百人 以傳食於諸侯不以泰乎 孟子曰 非其道 則一簞食 不可受於人 如其道 則舜受堯之天下 不以爲泰 子以爲泰乎 曰 否 士無事而食 不可也.

〔孟子曰 非其道 則一簞食 不可受於人〕

- 『孟子』「滕文公章句下」
- 35㎝x70㎝

팽경이 묻기를, 뒤에 따르는 수레 수십 대와 종자 수백 명으로 제후왕에게 밥을 얻어먹는 것이 너무 지나치지 않습니까? 맹자 말씀하시기를, 그 도가 아니면 한 그릇의 밥이라도 남에게 받을 수 없거니와, 만일 그 道라면 순임금은 요임금의 천하를 받으시되 지나치다고 여기지 않으셨으니, 그대는 이것이 지나치다고 여기는가? 팽경이 말하기를, 아닙니다. 선비가 하는 일없이 밥을 얻어먹는 것이 불가하다는 것입니다.

孟子曰非其道則
一簞食不可受
於人

錄孟子滕文公章句下
丁酉秋 茶民書

21. 子曰 吾嘗終日不食 終夜不寢 以思 無益 不如學也.

- 『論語』「衛靈公篇」
- 70㎝x46㎝

공자 말씀하시기를, 내 일찍이 종일토록 밥도 먹지 않고 밤새도록 잠을 자지 않고 생각해 보니 유익함이 없다. 그래서 배우는 것만 못하였다.

[이것은 생각하기만 하고 배우지 않은 자를 위하여 말씀하신 것이다. 마음을 수고롭게 하여 반드시 탐구하려고 하는 것이 마음을 겸손하게 하여 스스로 아는 것만 못하다.]

論語句

子曰吾嘗終日不食終夜不寢以思無益不如學也

丁亥仲秋節 學古齋主人 石隱丁奎元

22. **孟子曰 人之易〔이〕其言也 無責耳矣.**

- 『孟子』「離婁章句上」
- 35㎝x75㎝

맹자 말씀하시기를, 사람이 말을 함부로 하는 것은 꾸짖음을 받지 않기 때문이다.

[말을 가볍게 하는 것은 그 말에 대하여 책임을 지지 않으려는 것이다. 그래서 자신이 한 일에 책임을 지지 않는 결과를 낳고 만다. 즉 말은 언제나 일의 전후를 생각해서 신중히 해야 한다.]

孟子曰人之易其言也無責耳矣

孟子離婁章句上 丁酉秋

笙谷軒主人丁奎元

23. 曾子曰 君子 以文會友 以友輔仁.

〔君子 以文會友 以友輔仁〕

- 『論語』「顔淵篇」
- 45㎝x65㎝

증자가 말하기를, 군자는 문〔學問〕으로서 벗을 모으고, 벗으로서 인을 도모한다.

[군자는 시 · 서 · 예 · 악의 학문을 바탕으로 해서 친구를 사귀고, 벗의 좋은 점을 본받아 덕을 쌓으며, 인의 길을 행하는데 보탬이 되도록 한다. 즉 이것이 친구를 찾는 군자의 마음이다.]

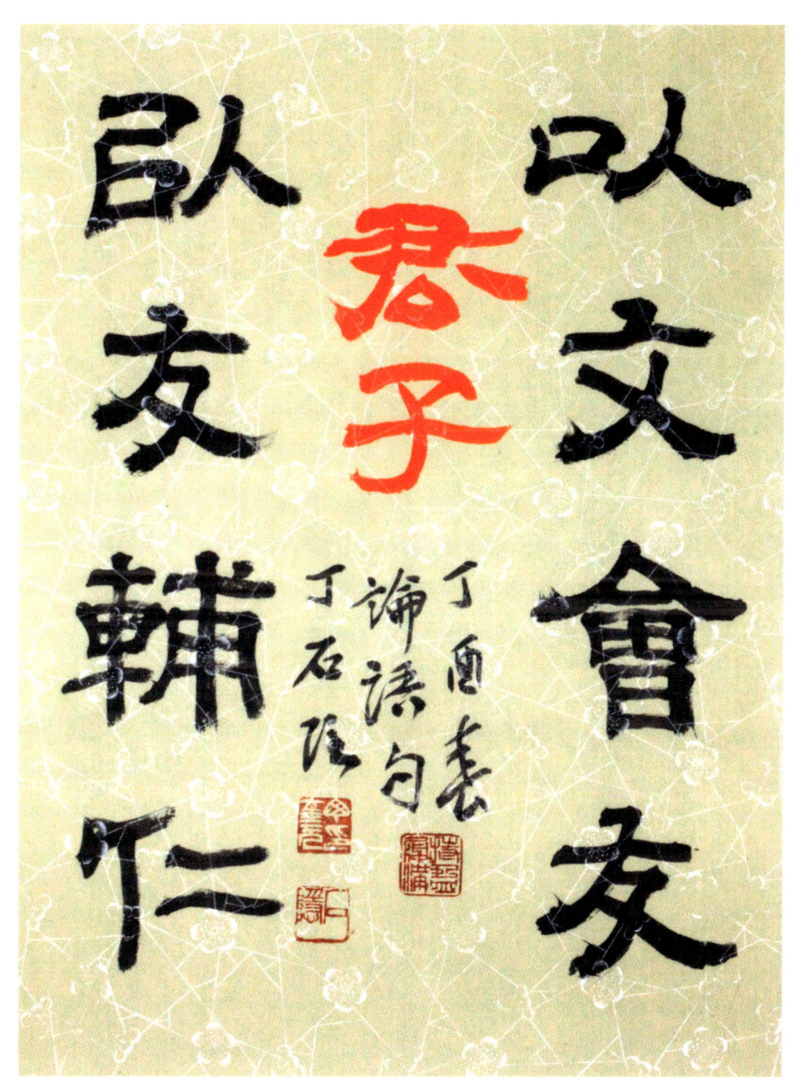
以文會友
君子
以友輔仁
丁酉春
論語句

24. 諺 有之 曰 人 莫知其子之惡 莫知其苗之碩.

〔人 莫知其子之惡 莫知其苗之碩〕

- 『大學』「傳之八章」
- 45㎝x65㎝

속담에 이러한 말이 있으니, 사람들은 자기 자식의 악함을 알지 못하며 자기 밭에 싹이 크는 것을 알지 못한다.

[부모란 자식이 아무리 모났어도 그 단점을 알지 못하고, 또 내가 심은 곡식은 어지간히 자라도 큰 줄을 모른다. 즉 전자는 부모의 정 때문에 눈이 어두워지고, 후자는 욕심 때문에 마음을 빼앗긴 것이다.]

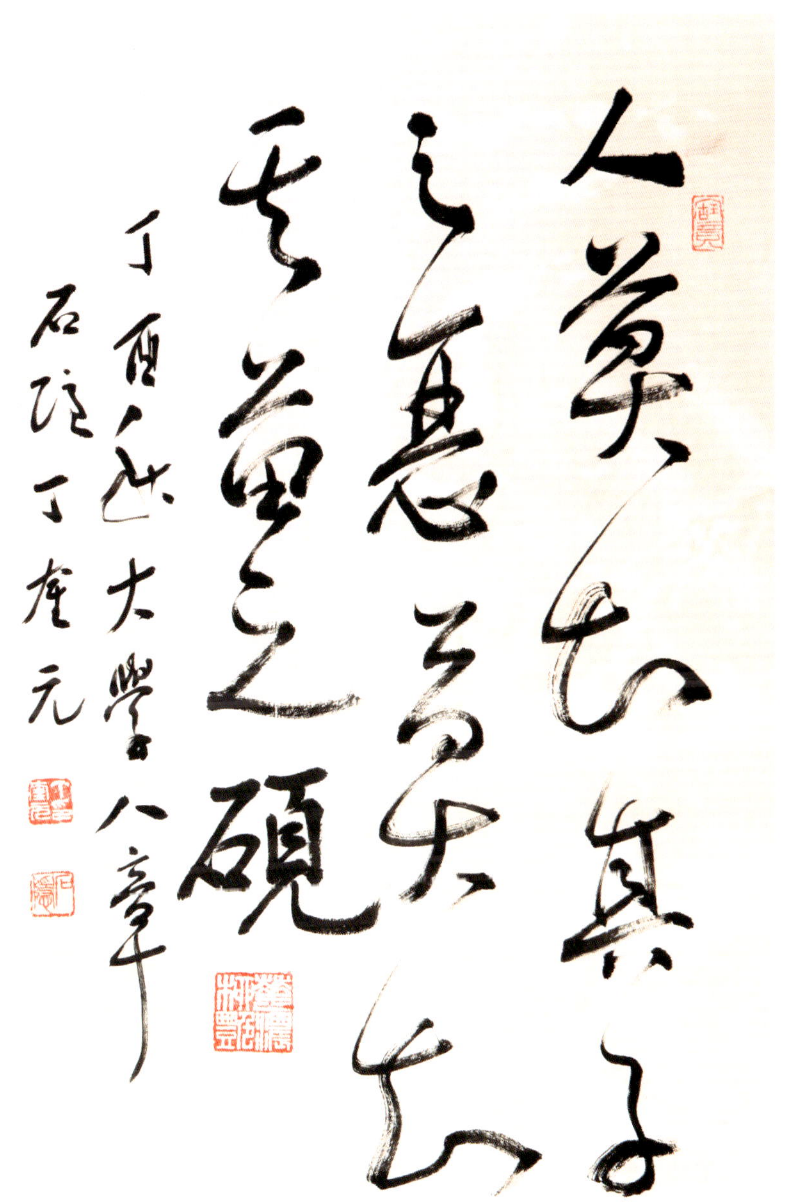

25. 子曰 學如不及 猶恐失之.

- 『論語』「泰伯篇」
- 60㎝x35㎝

배움이란 미치지 못하는 것처럼 하고, 오히려 배워서 아는 것은 잃어버릴까 두려워해야 한다.

[학문이란 아무리 노력해도 그 목표에 도달하기란 참으로 어려운 일이다. 좇아도 좇아도 좇을 수가 없고, 한눈을 팔면 단번에 놓쳐 버릴 것만 같은 마음으로 늘 부지런히 힘써야 한다.]

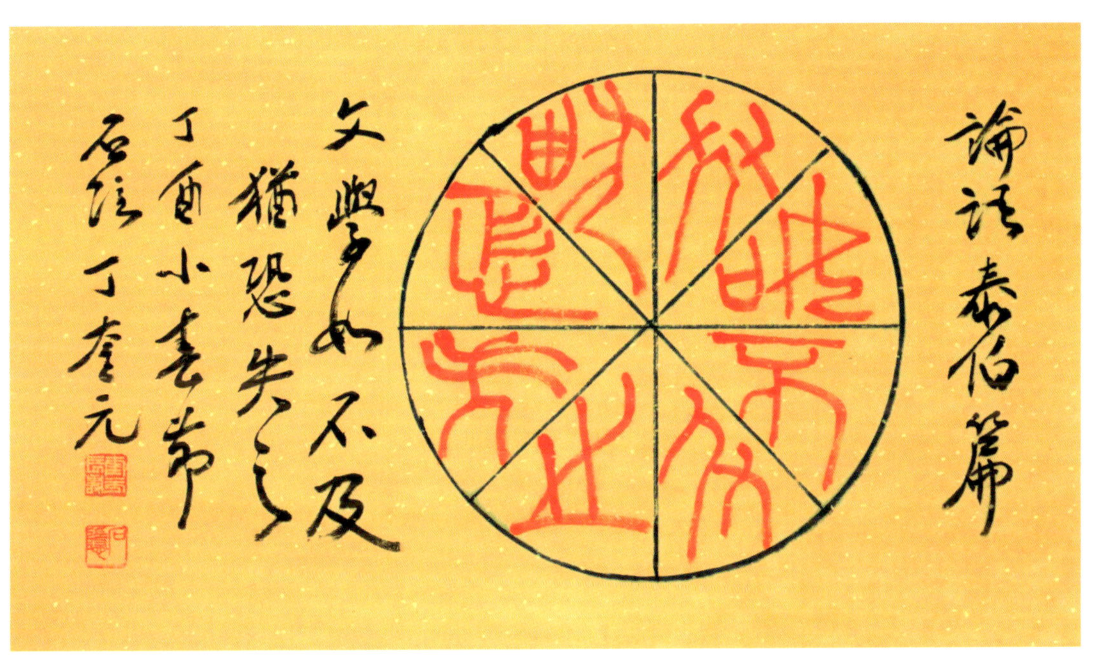
論語泰伯篇

26. 孟子曰 矢人 豈不仁於函人哉 矢人 惟恐不傷人 函人 惟恐傷人 巫匠 亦然 故 術不可不愼也.

- 『孟子』「公孫丑章句 上」
- 50㎝x60㎝

맹자 말씀하시기를, 화살 만드는 사람이 어찌 갑옷 만드는 사람보다 인하지 못하겠는가마는, 화살 만드는 사람은 행여 사람이 상하지 못할까 두려워하고, 갑옷 만드는 사람은 행여 사람이 상할까 두려워하나니, 무당과 관 만드는 목수도 또한 그러하다. 그러므로 기술 선택함에 삼가지 않으면 안 되는 것이다.

[함은 갑옷이다. 측은지심은 누구나 모두 가지고 있다. 화살 만드는 사람의 마음이 본래 갑옷 만드는 사람의 인만 못한 것이 아니다. 무당은 사람들을 위해 축원하고 목수는 관을 만드니, 사람이 죽어야 돈이 되는 것이다. 직업 선택은 자유지만 옛날에는 중요히 생각했다.]

孟子曰矢人豈不仁於函人哉矢人惟恐不傷人函人惟恐傷人巫匠亦然故術不可不愼也

丁酉秋 孟子句 石隱 書

27. 子曰 詩三百 一言以蔽之 曰 思無邪.

〔思無邪〕

- 『論語』「爲政篇」
- 35㎝x60㎝

공자 말씀하시기를, 시경 삼백 편 뜻은 한 마디로 말한다면 생각에는 간사함이 없다는 말이다.

[시 삼백 편은 그 작자가 모르는 것도 많고 내용도 다양하지만 전편을 한마디로 말하면 사무사라 한다. 즉 어느 시에도 작자의 마음에 사악함이 없음은 한결같다. 시경에 실려 있는 3백 11편의 시 중에 그 중 6편은 제목만 전하고 가사가 없음.]

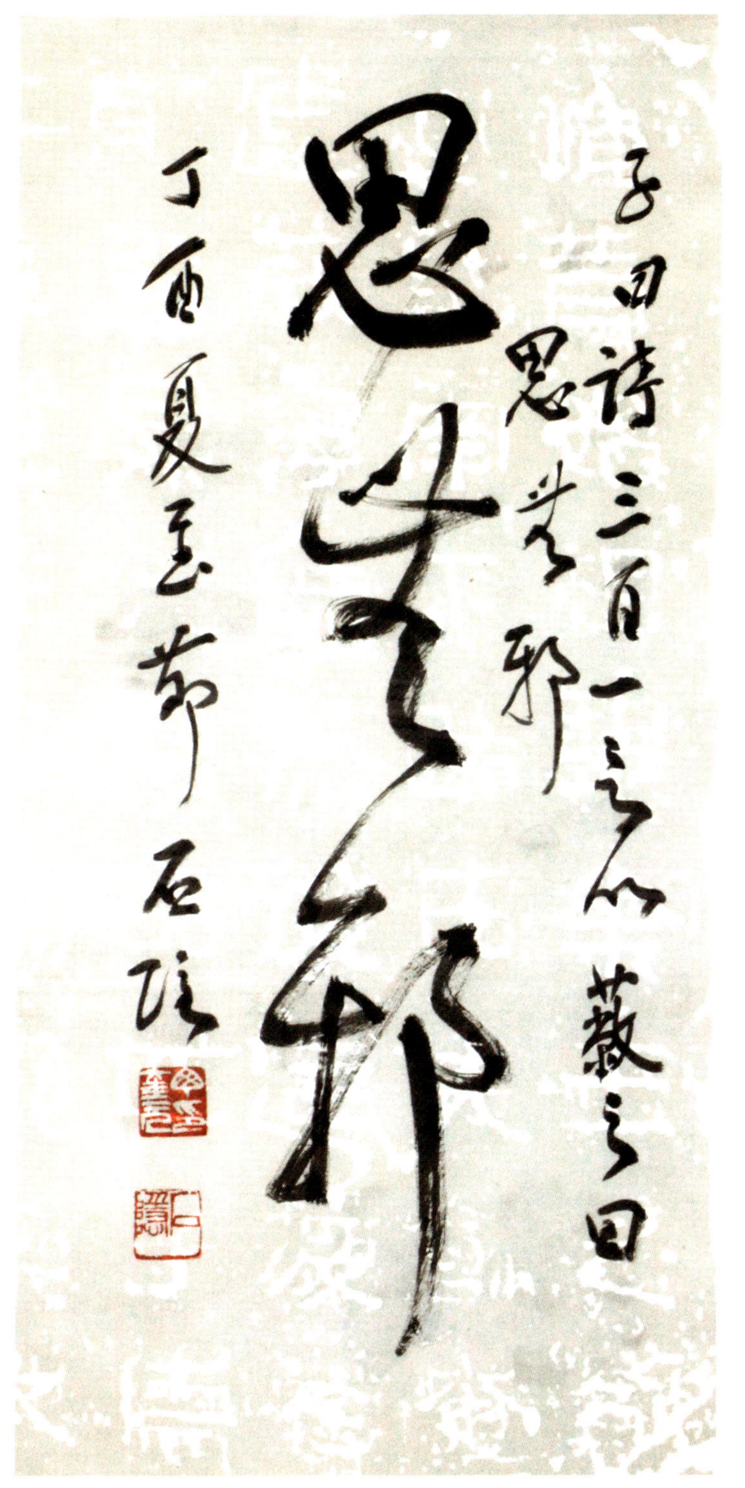
思無邪
子曰詩三百一言以蔽之曰
思無邪
丁酉夏至節

28. 詖辭 知其所蔽 淫辭 知其所陷 邪辭 知其所離 遁辭 知其所窮 生於其心 害於其政 發於其政 害於其事 聖人 復起 必從吾言矣.

〔詖淫邪遁〕

- 『孟子』「公孫丑章句 上」
- 40㎝x60㎝

편벽된 말에서 그 숨긴 바를 알고, 음탕한 말에서 그 무엇에 빠져 있는 바를 알고, 간사한 말에서 그 이간하는 바를 알고, 회피하는 말에서 그 궁지에 몰려있는 바를 안다. 그 마음에서 생겨나 정사에 해를 끼치며 정사에 발로되어 일에 해를 끼치나니, 성인이 다시 나오셔도 반드시 내 말을 따르실 것이다.

[남의 말을 듣고 곧 그 뜻을 알고 그 병폐를 알기란 어려운 일이다. 즉 詖·淫·邪·遁 등 네 가지의 바르지 못한 생각이 생겨나서 나라의 큰 일까지도 해치고 만다.]

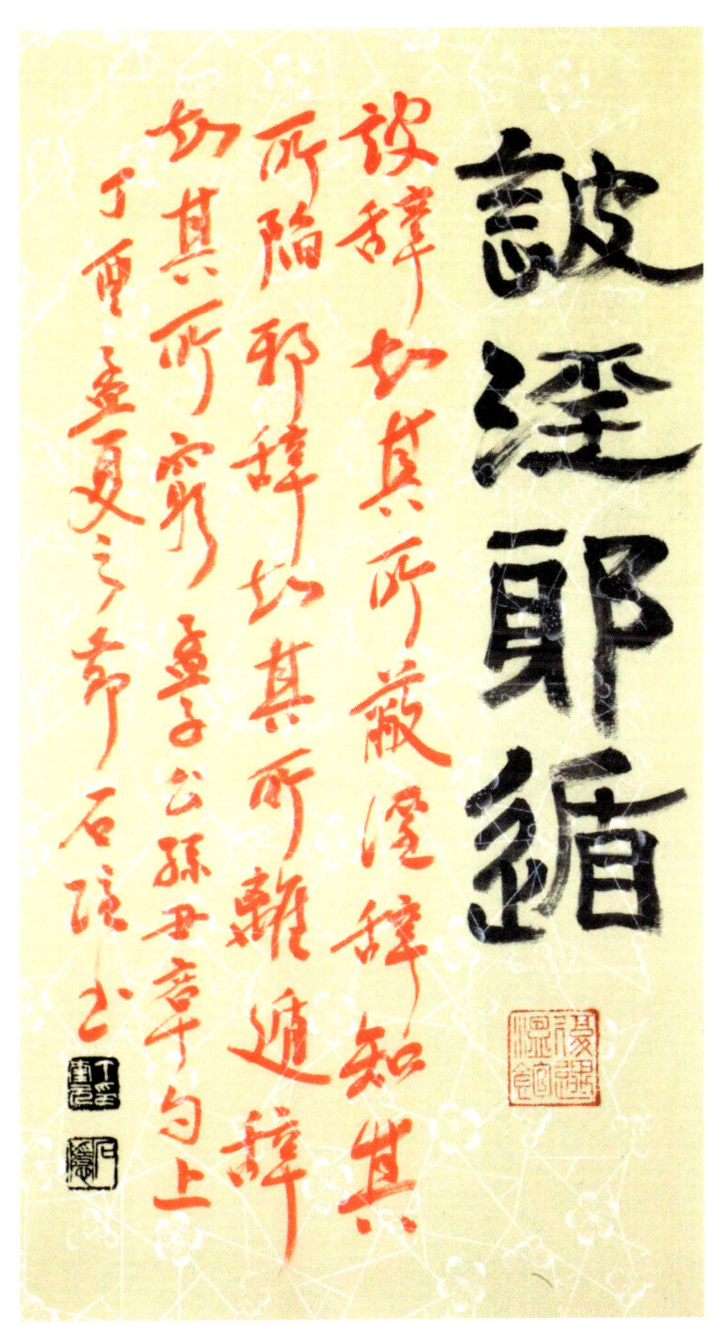
詖淫邪遁
詖辭知其所蔽淫辭知其
所陷邪辭知其所離遁辭
知其所窮孟子公孫丑章句上
丁酉孟夏之節

29. 詩曰 妻子好合 如鼓瑟琴 兄弟旣翕 和樂且耽 宜爾室家 樂爾妻帑 子曰 父母其順矣乎.

〔瑟琴和樂〕

- 『中庸』「第十五章」
- 60㎝x45㎝

시경에 이르기를, 처자와 정이 좋고 뜻이 합함이 금슬을 타는 듯하며, 형제가 이미 화합하여 화락하고 또 즐겁도다. 너의 실가에 마땅히 화합하며 너의 처자들을 즐겁게 한다 하였는데, 공자께서 말씀하시기를, 이렇게 되면 부모가 편안하실 것이다.

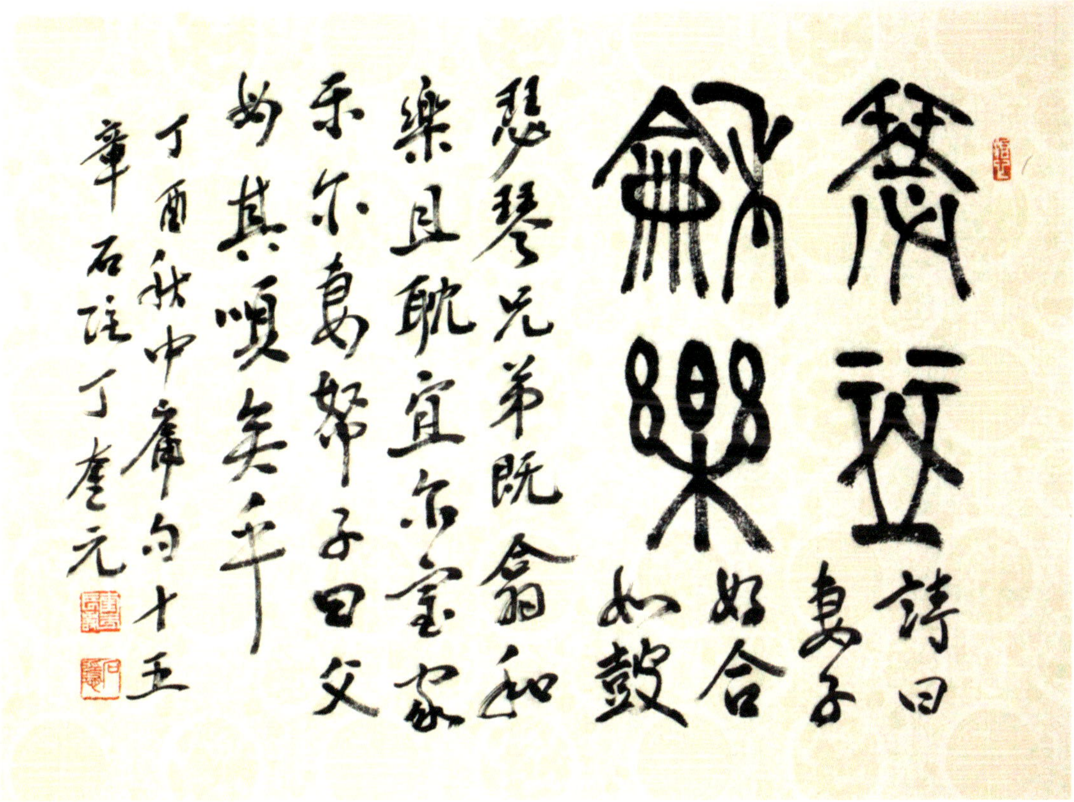

30. 大德 必得其位 必得其祿 必得其名 必得其壽.

〔大德〕

- 『中庸』「第十七章」
- 30㎝x60㎝

대덕은 반드시 그 지위를 얻으며, 반드시 그 녹을 얻으며, 반드시 이름을 얻으며, 반드시 그 장수를 얻는다.

[중용의 도를 지키며 참된 덕을 행하는 사람은, 반드시 지위를 얻고, 녹을 얻고, 명예도 얻고, 천수까지도 다하게 된다. 즉 중용의 도란, 이를 잘 지키며 덕을 꾸준히 넓혀 가면 언제나 무궁한 복을 받게 되는 법이다.]

必得其位必得其祿
大德
中庸一七章
必得其名必得其壽

31. 子曰 質勝文則野 文勝質則史 文質 彬彬然後 君子.

〔文質 彬彬然後 君子〕

- 『論語』「雍也篇」
- 25㎝x70㎝

공자가 말씀하시기를, 질〔본바탕〕이 문〔아름다운 외관〕을 이기면 촌스럽고, 문이 질을 이기면 사〔걸치레만 잘함〕하니, 문과 질이 적절히 배합된 뒤에야 군자이다.

文質彬彬然後君子

論語 雍也篇

32. 博學之 審問之 愼思之 明辯之 篤行之.

〔博學 審問 愼思 明辯 篤行〕

- 『中庸』「第二十章」
- 30㎝x70㎝

이것을 널리 배우며, 이것을 자세히 물으며, 이것을 신중히 생각하며, 이것을 밝게 분별하며, 이것을 독실하게 행하여야 한다.

[학문의 길은 마음을 정성되게 하는 것인데, 이 정성을 얻으려면 다섯가지 방법이 있다. 첫째 널리 배우는 것[博學], 둘째 자세히 묻는 것[審問], 셋째는 삼가서 생각 하는 것[愼思], 넷째 밝게 분별 하는 것[明辯], 다섯째 도탑게 행하는 것[篤行] 등인데, 이 다섯 가지를 채득하는 것이 곧 학문이다.]

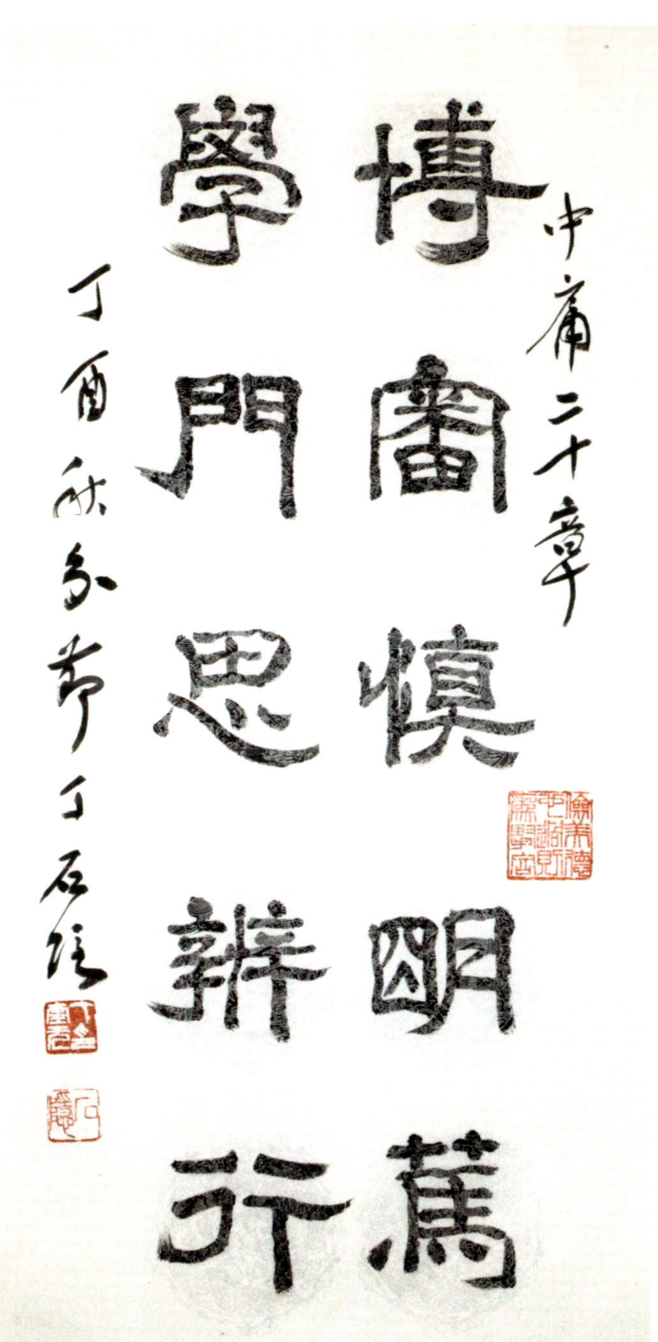
中庸二十章
博學審問愼思明辨篤行
丁酉秋分節于石

33. 子曰 不憤 不啓 不悱 不發 擧一隅 不以三隅 反 則不復〔부〕也.

- 『論語』「述而篇」
- 25㎝x90㎝

공자가 말씀하시기를, 마음속으로 분발하지 않으면 열어주지 않고 애쓰지 않으면 일깨워주지 않는다. 한 귀퉁이를 들어주었는데도 나머지 세 귀퉁이를 미루어 알려고 하지 않는 사람에게는 다시 가르치지 않는다.

[배우는 사람이 스스로 알려고 분발하지 않으면 가르쳐주지 않고, 아는 것을 애써 표현하려 하지 않으면 일깨워주지 않는다. 즉 배우는 사람이 스스로 진리를 찾아 들어가고 탐구하는 열정이 있어야 한다는 말이다. 네모 있는 물건의 그 한 모퉁이만 가르쳐주면 나머지 세 모퉁이는 스스로 생각하면 알 수 있는 일이다.]

子曰不憤不啓不悱
不發擧一隅不以
三隅反則不復也

錄論語述而篇 石[illegible]

34. 曾子曰 士不可以不弘毅 任重而道遠.

〔任重道遠〕

- 『論語』「泰伯篇」
- 55㎝x33㎝

증자 말씀하시기를, 선비는 뜻이 크고 굳세지 않으면 안 되나니 그 책임은 무겁고 갈 길이 멀기 때문이다.

[弘은 너그럽고 넓은 것이요, 毅는 강하고 참는 것이다. 한평생 옳게 살려는 선비는 도량이 넓어야 하고 의지가 꿋꿋해야 한다. 인을 실천하는 임무는 무겁고 앞길은 멀다. 그러므로 군자는 늘 그 같은 사명감에 사무쳐야 한다.]

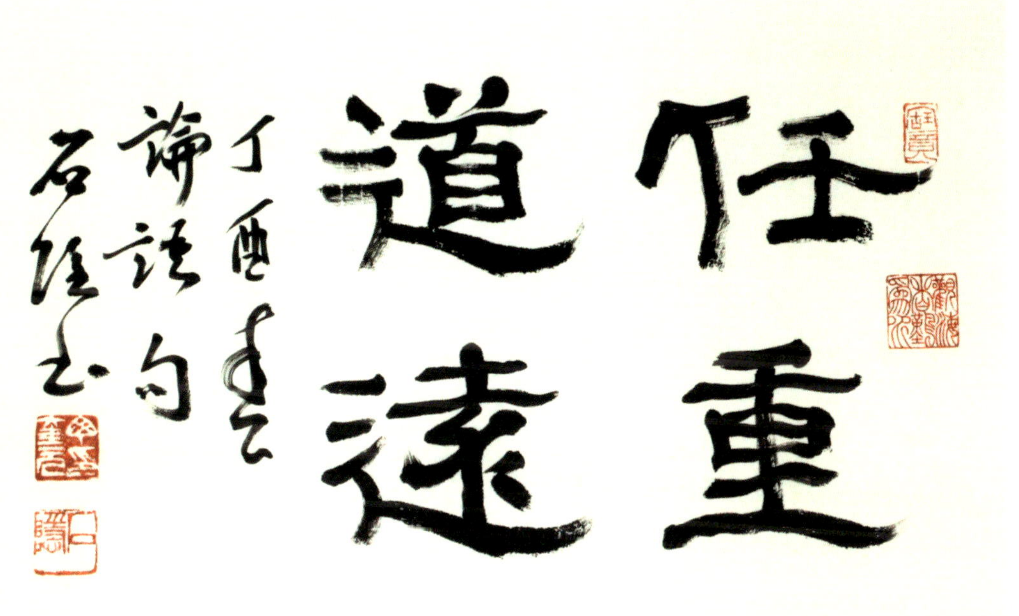

35. 人 一能之 己百之 人 十能之 己千之.

- 『中庸』「第二十章」
- 30㎝x60㎝

남이 한 번해서 능하거든 나는 백 번 노력하고, 남이 열 번을 해서 능하거든 나는 천 번 노력해야 한다.

[아무리 우둔한 사람이라도 다른 사람보다 백배나 노력한다면 이 세상에 어떠한 큰일이라도 능히 해낼 수 있는 것이다. 즉 사람이 노력하면 안 되는 일이 없다는 뜻이다.]

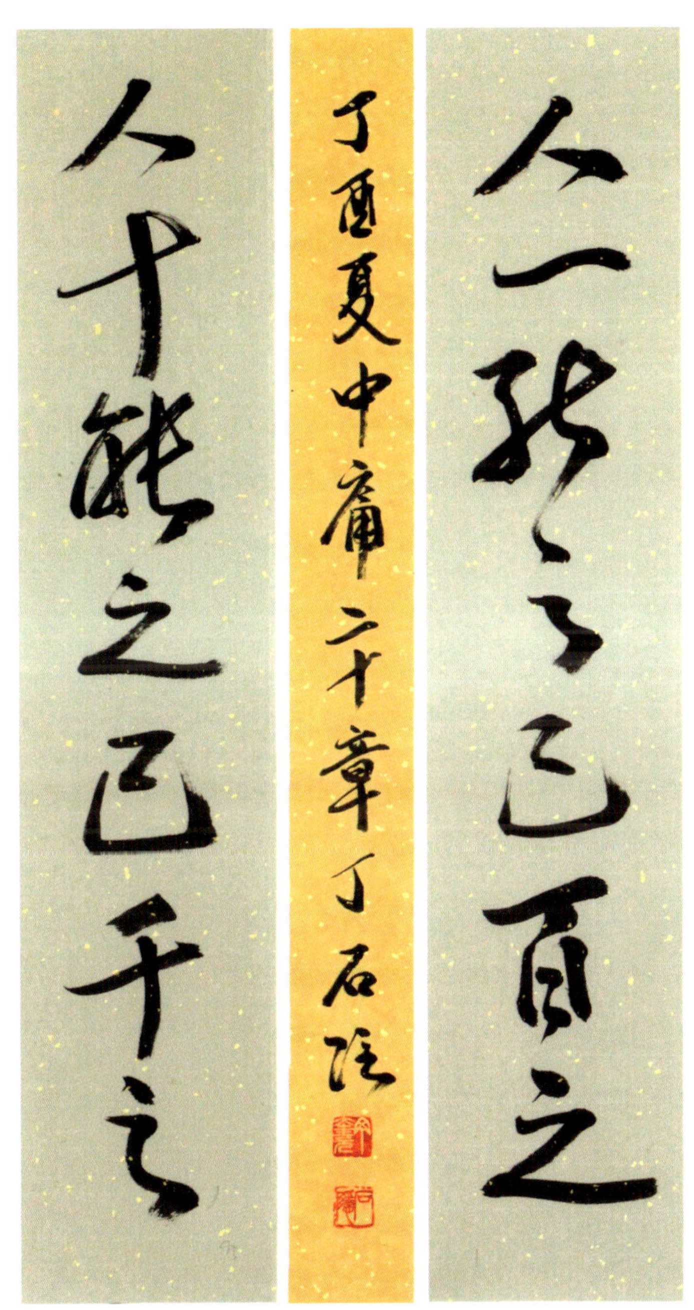
人一能之己百之
丁酉夏中庸二十章丁石
人十能之己千之

36. 君子 居易以俟命 小人 行險以徼幸.

- 『中庸』「第十四章」
- 35㎝x70㎝

군자는 평이하게 살며 천명을 기다리고, 소인은 위험한 것을 행하고 요행을 바란다.

[군자는 평범한 중용의 도를 행하여 최선을 다하고 천명을 기다린다. 그러나 소인은 상도가 아닌 위험한 짓을 행하고서 터무니없는 요행을 바라고 산다.]

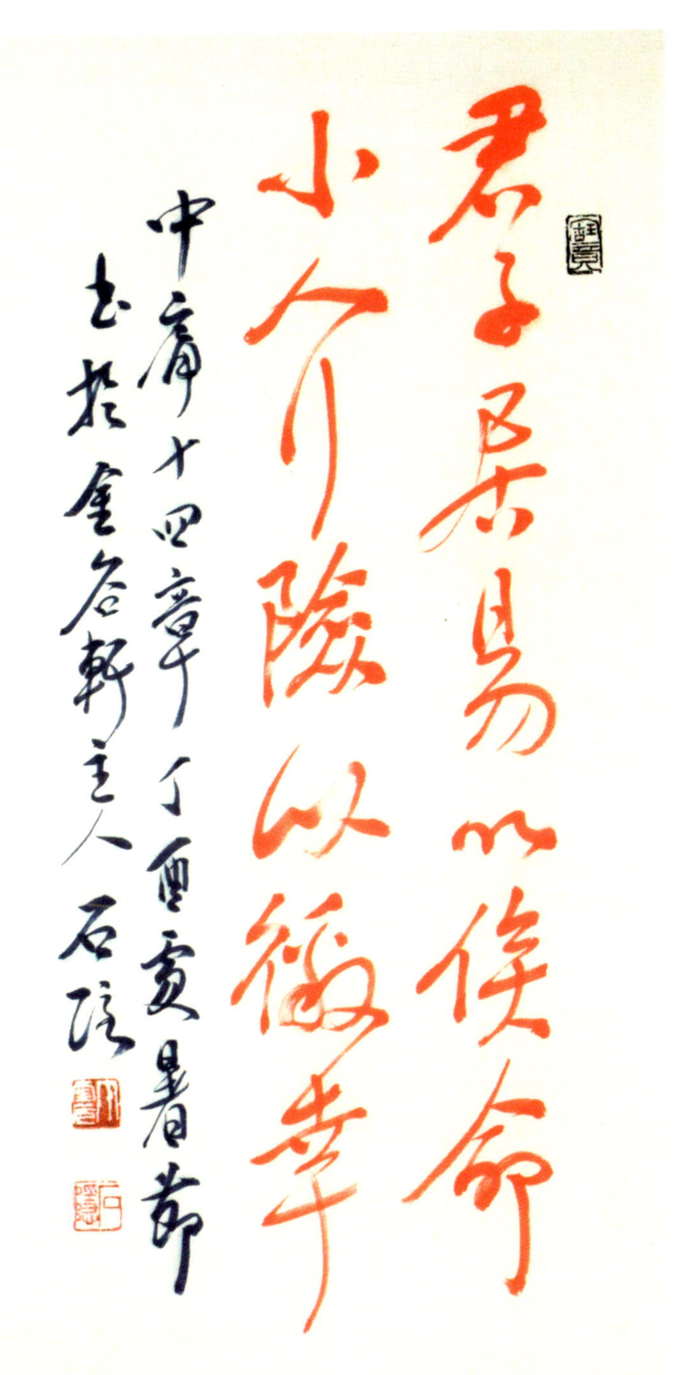
君子居易以俟命
小人行險以徼幸
中庸十四章 丁酉夏暑節
書於金谷軒主人

37. 見賢而不能擧 擧而不能先 命[慢]也 見不善而 不能退 退而不能遠 過也.

〔見賢而不能擧 擧而不能先 命〔慢〕也〕

- 『大學』「傳之十章」
- 30㎝x70㎝

어진사람을 보고서도 천거하지 못하거나 기용해 놓고도 얼른 쓰지 않음은 태만이다. 불선한 자를 보고도 능히 물리치지 못하며 물리치되 멀리하지 못함은 잘못이다.

[현인이 있어도 그를 등용하지 못하거나 등용하고도 선뜻 자리를 주지 않고 머뭇거리는 것은 태만하기 때문이다. 또 잘못한 사람이 있어도 이를 징계하지 못하는 것은 過失이다. 즉 사랑과 미움의 판단을 분명히 하라는 말이다.]

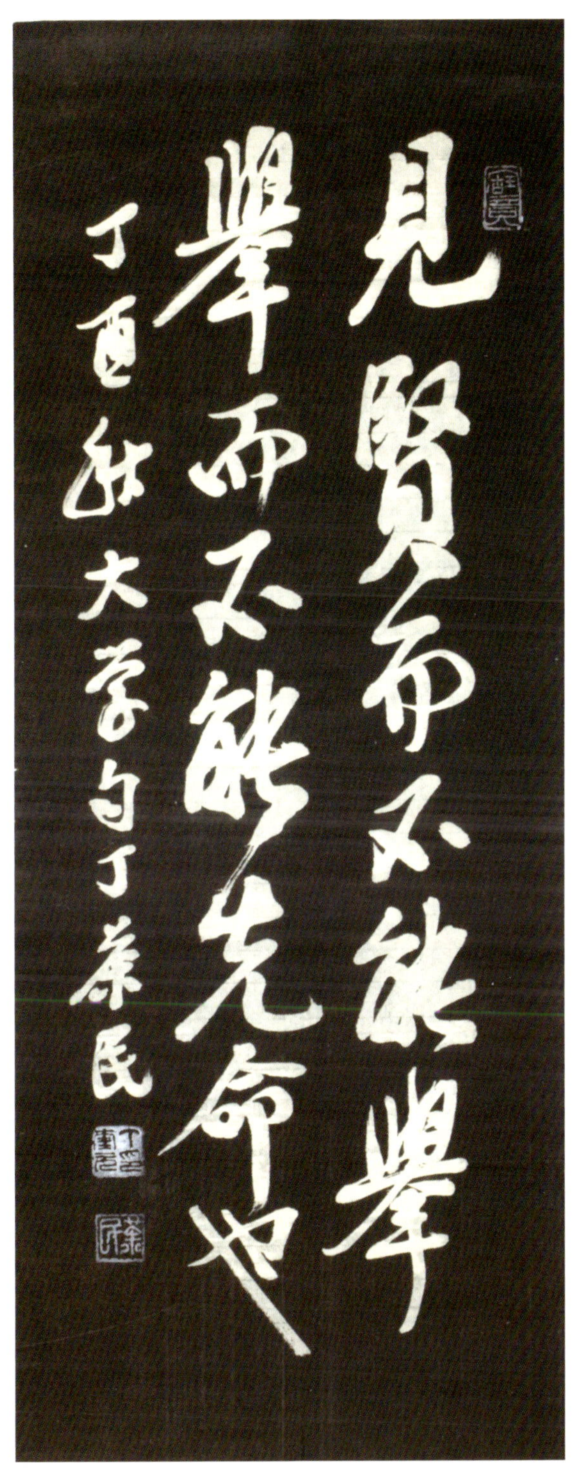
見賢而不能擧
擧而不能先命也
丁酉秋大學句丁泰民

38. 子貢 問曰 孔文子 何以謂之文也 子曰 敏而 好學 不恥下問 是以 謂之文也.

〔不恥下問〕

- 『論語』「公冶長篇」
- 55㎝x35㎝

자공이, 공문자를 어찌하여 문이라고 시호하십니까? 묻자 공자께서 다음과 같이 말씀하시고, 명민하면서 배우기를 좋아하고 아랫사람에게 묻기를 부끄러워하지 않았다. 이것이 문이라 시호한 것이다.

[자기보다 나이가 적거나 지위가 낮거나 모르는 것을 묻고 가르침을 받는 것을 부끄러워해서는 안 된다. 즉 학문하는 사람은 그런 것을 초월할 줄 알아야 된다.]

不恥下問
錄論語句
丁酉夏不恥下問 茶民

39. 子曰 知〔智〕者 樂〔요〕水 仁者 樂山 知者 動 仁者 靜 知者 樂〔락〕仁者 壽.

〔知者 動 仁者 靜 知者 樂〔락〕仁者 壽〕

- 『論語』「雍也篇」
- 37㎝x67㎝

공자 말씀하시기를, 智者는 물을 좋아하고 仁者는 산을 좋아하니, 智者는 動的이고 仁者는 靜的이며, 智者는 樂天的이고 仁者는 長壽한다.

[물이 흐르고 산은 움직이지 않는다. 지자는 흐르는 물같이 활동적이라면 인자는 움직이지 않는 산같이 조용하다. 즉 지자는 흐르는 물에서 즐기고 인자는 태연한 자세에서 즐긴다. 지혜로운 사람은 활동적이어서 흐르는 물과 같이 세태의 변화에 맞게 즐겁게 산다. 그러나 어진 사람은 세상이 변해도 그 마음이 흔들리지 않고 산과 같이 묵직한 자세를 지키면서 조용히 오래 산다.]

知者動仁者靜

錄論語句金石軒石隱

知者樂仁者壽

40. 顔淵曰 請問其目 子曰 非禮勿視 非禮勿聽 非禮勿言 非禮勿動 顔淵曰 回雖不敏 請事斯語矣.

〔視聽言動〕

- 『論語』「顔淵篇」
- 35㎝x80㎝

안연이, "그 조목을 물어 보겠습니다." 말하자 공자께서, 예가 아니면 보지 말며, 예가 아니면 듣지 말며, 예가 아니면 말하지 말며, 예가 아니면 행동하지 말라. 안연이 말하기를, 제가 비록 민첩하지 않지만 청컨대 이 말씀에 종사하겠습니다.

[예가 아닌 것은 피하는 것이 좋다. 보는 것 듣는 것, 말하는 것, 행동하는 것 등의 실천방법을 말하고 있다. 즉 예가 아닌 것에 길들게 되면 자신도 모르게 올바른 것을 잃고 만다는 것이다.]

41. **人道 敏政 地道 敏樹 夫政也者 蒲盧〔蘆〕也.**

- 『中庸』「第二十章」
- 25㎝x90㎝

사람의 도는 정사에 빠르게 나타나고, 땅의 도는 나무에 빠르게 나타나니, 정사의 효험은 빨리 자라는 갈대와 같다.

[사람들은 자신의 생활이나 사업에 영향을 주는 정치 문제에 민감하다. 그러므로 정치하는 자는 먼저 백성의 마음을 헤아려야 한다. 그것은 땅의 위대한 포용력을 가지고, 자라는 초목을 사랑하듯이 해야 한다.]

人道敏政
地道敏樹
夫政也者
蒲盧也

中庸二十章
丁酉夏至節

42. 子曰 君子 和而不同 小人 同而不和.

- 『論語』「子路篇」
- 60㎝x30㎝

공자 말씀하시기를, 군자는 화합하되 뇌동하지 않고 소인은 뇌동하되 화합하지 못한다.

[군자는 남과 화합을 하나 주견 없이 남의 의견만 따라서 어울리지 않는다. 그러나 소인은 남의 의견을 좇아 곧잘 어울리지마는 진실된 화합은 이루지 못한다. 즉 군자는 대의를 따르고 소인은 이득을 추구하기 때문이다.]

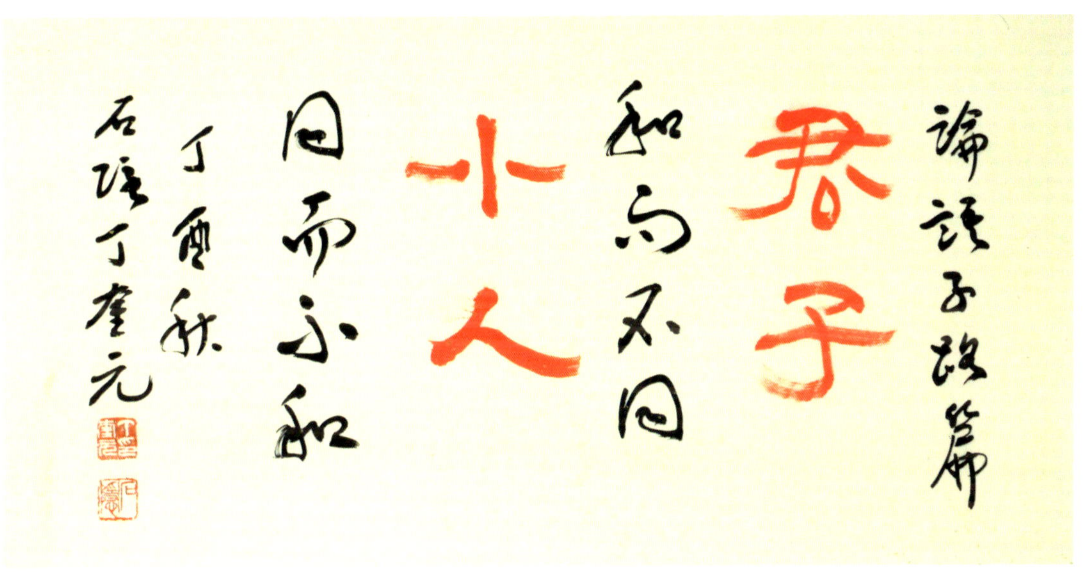
論語子路篇
君子和而不同
小人同而不和
丁酉秋

43. 子夏曰 博學而篤志 切問而近思 仁在其中.

〔博學篤志〕

- 『論語』「子張篇」
- 60㎝x40㎝

자하 말씀하기를, 배우기를 널리 하고 뜻을 독실히 하며 절실하게 묻고 가까이 생각하면 인이 이 가운데 있다.

[지식을 정확하게 얻기 위해서는 의심나는 것을 기탄없이 묻는다. 그리고 새로운 것을 듣게 되면 이것을 자신과 가까운 일에 결부시켜 생각한다. 그렇게 하는 것이 도를 찾고 인을 구하는 태도이다.]

博
學

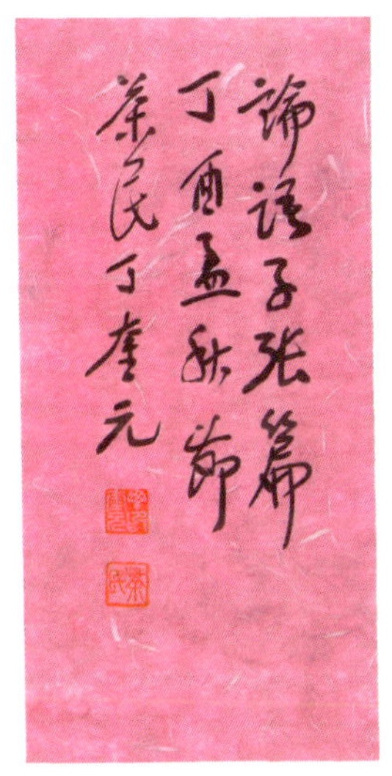
論語子張篇
丁酉孟秋節

篤

志

44. 冉求曰 非不說〔열〕子之道 力不足也 子曰 力不足者 中道而廢 今女 畫.

- 『論語』「雍也篇」
- 35㎝x70㎝

염구가 말하기를, 저는 선생님의 도를 좋아하지 않는 것이 아니나 힘이 부족 합니다. 공자께서 말씀 하시기를, 힘이 부족한 자는 中道에 그만두니 지금 너는 스스로 한계를 긋는 것이다.

[힘이 부족하다고 하는 것은 나아가려고 해도 능하지 못한 것이요, 획이라는 것은 나아갈 수 있는데도 나아가려고 하지 않는 것이니, 이것을 획이라 이르는 것은 마치 땅에 금을 그어놓고 스스로 넘지 않으려는 한계를 짓는 것과 같은 것이다. 염구가 선생의 도를 좋아하기를 진실로 입에 고기를 좋아하듯이 하였다면, 반드시 힘을 다하여 학문에 정진할 것이다.]

45. 孟子曰 君子有三樂而王天下不與〔예〕存焉 父母俱存 兄弟無故一樂也 仰不愧於天 俯不怍於人 二樂也 得天下英才而教育之三樂也.

〔君子三樂〕

- 『孟子』「盡心章句上」
- 55㎝x45㎝

맹자 말씀하시기를, 군자가 세 가지 즐거움이 있는데 천하에 왕노릇 함이 여기에 들어있지 않다. 부모가 모두 생존해 계시고 형제가 무고한 것이 첫 번째 즐거움이요, 우러러 하늘에 부끄럽지 않고 굽어보아 인간에게 부끄럽지 않은 것이 두 번째 즐거움이요, 천하의 영재를 얻어 교육하는 것이 세 번째 즐거움이다.

[군자의 세 가지 즐거움 속에 임금 노릇하는 일이 들어 있지 않다. 즉 인생의 즐거움이란 권력을 휘두르는 벼슬자리도 아니요, 부귀와 영화 같은 호사스러운 생활도 아니라는 말이다.]

君子三樂

孟子曰君子有三樂而王天下不與存焉父母俱存兄弟無故一樂也仰不愧於天俯不怍於人二樂也得天下英才而敎育之三樂也

孟子盡心章句上 丁酉夏至節 學古齋 丁奎元

46. 大學之道 在明明德 在親〔新〕民 在止於至善.

〔明德〕

- 『大學』「經一章」
- 40㎝x50㎝

대학의 도는 명덕을 밝힘에 있으며, 백성을 새롭게 함에 있으며, 지선에 그침에 있다.

[대학의 참된 목적은, 첫째 하늘에서 주어진 덕성을 닦는 것이고, 둘째 자신의 밝은 덕으로써 백성을 새롭게 다스려야 한다. 셋째 이 두 가지 일을 지선의 경지에까지 끌어올려야 한다.]

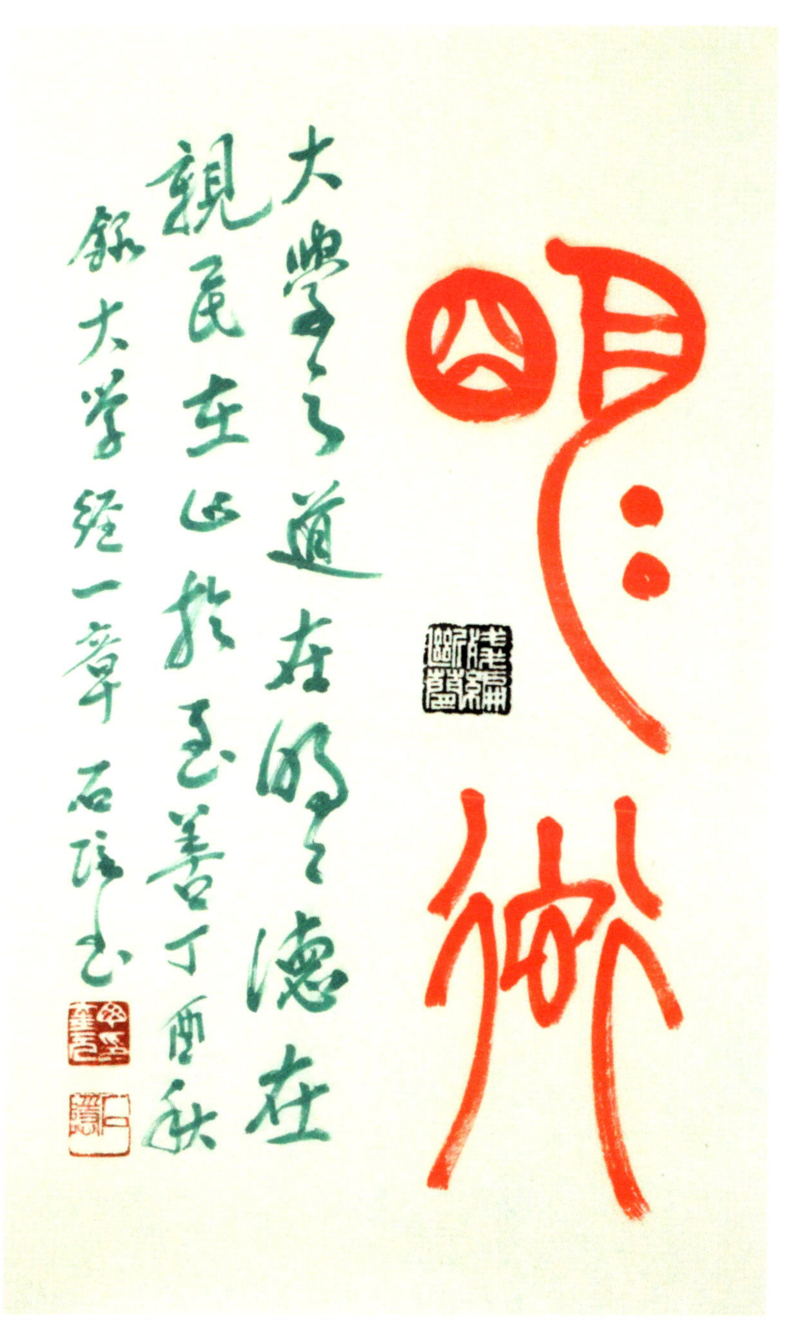
明德
大學之道在明明德在
親民在止於至善丁酉秋
錄大學經一章

47. 子曰 三人行 必有我師焉 擇其善者而從之 其不善者而改之.

〔三人行 必有我師〕

- 『論語』「述而篇」
- 35㎝x55㎝

공자 말씀하시기를, 세 사람이 길을 감에 반드시 나의 스승이 있으니, 그 중에 선한 자를 가려서 따르고 선하지 못한 자를 가려서 잘못을 고치면 된다.

[세 사람이라 함은 자기와 다른 두 사람을 말한다. 이 두 사람을 두고 볼 때 거기에는 각기 다른 장점과 단점이 있을 것이다. 그 장점을 배우고 그 단점을 거울삼는다면 그들은 모두 나의 스승일 것이다.]

三人行必有我師

子曰三人行必有我師焉擇
其善者而從之其不善者
而改之 錄論語述而篇
丁酉 小春節 丁石

48. 孟子曰 禹 惡〔오〕旨酒而好善言 湯 執中 立賢 無方.

〔立賢無方〕

- 『孟子』「離婁章句下」
- 60㎝x35㎝

맹자께서 말씀하시기를, 우왕은 맛있는 술을 싫어하고 선언(善言)을 좋아하셨고, 탕왕은 중도을 지키고 어진 인재를 등용하는데 그 신분을 따지지 않았다.

[은나라 탕왕은 중용의 도를 잃지 않고 인재를 등용함에 있어서 親疎를 따지지 않았고 貴賤을 가리지 않았다. 즉 중용의 도에 따라 인재를 공정하게 등용했던 것이다. 현재의 학연·지연·혈연 등이다.]

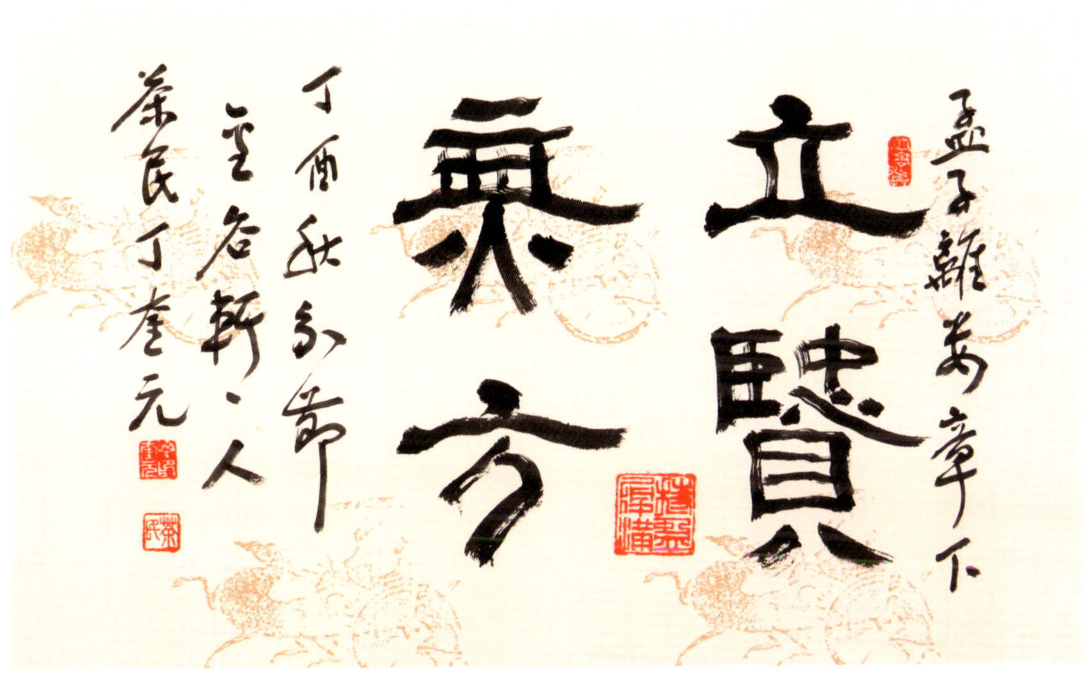
立賢無方
孟子離婁章下

49. 子曰 君子不重則不威 學則不固 主忠信 無友 不如己者 過則勿憚改.

〔過則勿憚改〕

- 『論語』「學而篇」
- 70㎝x20㎝

공자 말씀하시기를, 군자가 후중하지 않으면 위험이 없으니〔중후하지 않으면서 배우면〕 배움도 견고하지 못하다. 충신을 주장하며 자기만 못한 자를 벗 삼으려 하지 말고 허물이 있거든 고치기를 꺼리지 말아야 한다.

[사람은 누구나 잘못이 있게 마련이다. 문제는 그 잘못에 있는 것이 아니라 잘못이 있을 때에 고치느냐 안 고치느냐에 있다. 이런 경우 군자는 그 잘못을 바로 고쳐 하나의 교훈을 삼는다.]

50. 曾子曰 十目所視十手所指 其嚴乎 富潤屋 德潤身 心廣體胖 故 君子

〔心廣體胖〕

- 『大學』「傳之六章」
- 100㎝x35㎝

증자가 말씀하시기를, 열 눈이 보는 바이며 열 손가락이 가리키는 바이니 그 무섭구나. 부는 집을 윤택하게 하고 덕은 몸을 윤택하게 하니 마음이 넓어지고 몸이 편안해진다. 그러므로 군자는 반드시 그 뜻을 성실히 하는 것이다.〔胖 : 편안하고 한가로운 것〕

[덕을 갖추고 안으로 살펴보아 부끄러운 바가 없고 거리낄 일이 없으면 마음은 언제나 공명정대하게 넓어지고 몸은 느긋하니 여유가 되는 것이다. 즉 덕으로 충만한 군자의 의젓한 모습이다.]

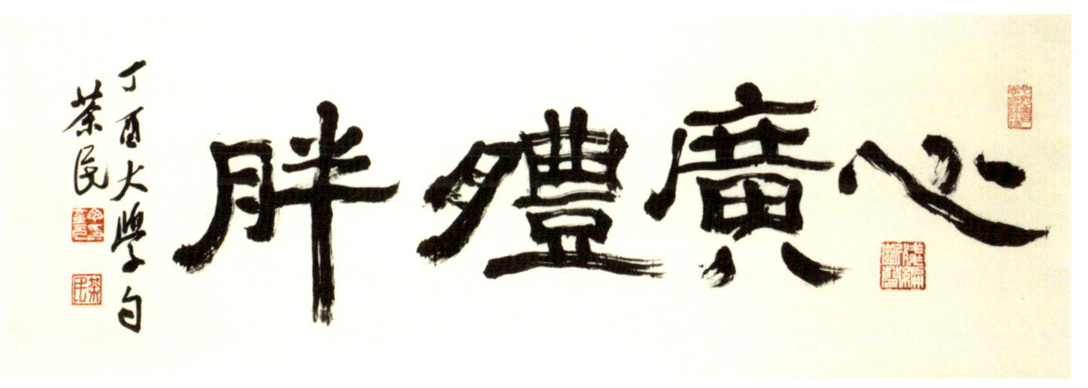
心廣體胖

著者 略歷

丁奎元

忠北 堤川 出生
字: 立志　雅號: 石隱, 茶民　堂號: 金谷軒, 學古齋, 鏤雲齋
住所: 慶北 浦項市 北區 中央路 263-1(2層) 浦項硏書會
전화: 054-277-0321 H.P: 010-4540-0321
E-mail: rokcp649@naver.com

書歷: 艸丁 權昌倫 先生 師事
大韓民國美術大展 書藝部門 招待作家 審查委員 歷任
慶尙北道 書藝文人畵大展 運營委員 審查委員 歷任
新羅美術大展 招待作家 審查委員 歷任
正修美術大展 招待作家 審查委員 歷任
每日書藝大展 招待作家
迎日灣書藝大展 運營委員 審查委員 歷任
江原美術大展・蔚珍鳳坪碑書藝大展・南農美術大展・儒敎書藝大展・
서울美術大展・申師任堂書藝大展 審查委員 歷任

漢詩: 2009년 朝鮮時代科擧再現 壯元
漢詩協會白日場 壯元
南原 書堂文化祭白日場 壯元
原州 耘谷祭白日場 壯元
大邱 嶺友漢詩白日場 壯元
堤川 義兵祭白日場 壯元
昌寧 紙上白日場 壯元
大田 漢詩白日場 壯元
井邑文化院 漢詩白日場 壯元
寶城 綠茶祝祭白日場 壯元
其他 全國 白日場 入賞 100여 회

經歷: 浦項文化院 書藝講師　1990—2005年
浦項法院、檢察廳 書藝講師 2003년—2010년
浦項美協書藝分科委員長 1985—1989
浦項美協府支部長 2011—2014
迎日灣書藝大展 諮問委員 2009—현재
韓國漢詩協會理事 2017—현재
延日福祉會館 漢文講師 2009—현재

石隱, 藝에 노닐다

四書의 名言과 自吟

丁奎元 著

石隱, 藝에 노닐다

四書의 名言과 自吟

2017년 11월 25일 초판1쇄 인쇄
2017년 12월 01일 초판1쇄 발행

지은이 | 정 규 원

펴낸이 | 김 영 환
펴낸곳 | 도서출판 다운샘[多韻泉]

05661 서울특별시 송파구 중대로 27길 1(오금동)
전화 02 - 449 - 9172 팩스 02 - 431 - 4151
E-mail : dusbook@naver.com
등록 제 1993 - 000028호

ISBN 978-89-5817-397-7 93810

값 30,000원

「이 도서의 국립중앙도서관 출판예정도서목록(CIP)은 서지정보유통지원시스템 홈페이지(http://seoji.nl.go.kr)와 국가자료공동목록시스템(http://www.nl.go.kr/kolisnet)에서 이용하실 수 있습니다.(CIP제어번호: CIP2017031385)

自吟 自樂

내가 처음으로 한시를 접하게 된 동기는 일찍 서당 공부를 하면서 오언절구의 평·측도 맞지 않게 지어본 것이 전부이다. 성장하면서 직장과 書藝를 竝行으로 공부하면서 나이 50살에 본격적으로 한시를 하게 되었다. 어느덧 17년 세월이 흘러 지금 생각하니 세월도 참 빠르다고 생각된다.

한시는 作法이 어렵고 많은 漢文을 알아야 할 수 있는 것이다. 이제는 나이 드신 어른들만 하는 專有物이 되었다. 요즘 백일장에 참가하면 주로 추모시가 대세를 이루고, 풍월시는 보기가 드물다. 중국 명시의 문구를 참조하는 경우가 많다 茶山 丁若鏞 先生이 지은 〈老人 一快事〉에 '我詩朝鮮人 甘作朝鮮詩〔나는 조선 사람이니 조선의 시를 즐겨 지으리라〕'라는 말은 한시가 우리 역사에서 수천 년 내려오면서 수많은 선비들이 중국 시를 의존 내지는 모방을 했다. 워낙 중국에서 유명한 李白·杜甫·屈原·蘇東坡·白樂天 등 수많은 천재 시인들이 배출 되었다. 조선에 와서는 과거 시험이 등장하면서 선비가 필수로 하는 공부가 되었다. 중국 사람보다도 우리 조상들이 한시를 더 즐겼다. 詩를 통하여 心性이 陶治되고 處身과 사람 사귀는 방법을 알 수 있으며, 聖人 孔子도 제자들에게 詩經 읽기를 권장 하였다. 『論語』「陽貨篇」에 보면 '小子 何莫學夫詩? 詩可以興 可以觀 可以群 遠之事君 多識草木之名〔여러분들은 어째서 시를 배우지 않느냐? 시를 배우면 聯想力을 일으킬 수 있고, 觀察力을 높일 수 있고, 다른 사람과 어울리는 能力을 키울 수 있고, 時代的 問題點을 批判하거나 諷刺할 수 있고, 가까이는 父母를 모실 수 있고, 멀리는 임금을 섬길 수 있는 법도 배울 수 있다. 그리고 짐승이나 풀과 나무의 이름도 알 수 있다〕'고 하였다. 한시란, 글자 그대로 말하면 한자로 기록된 문장의 시를 일컫는 말이다. 그러나 일반적으로는 중국의 것뿐만 아니라 주변의 한자 문화권에서 한자로 기록한 시까지를 포함하여 한시라고 한다. 한편 특정시대의 시를 지칭하는 뜻으로써 한대(漢代)의

시를 한시라 한다.

한시는 자수(字數)·구수(句數)의 多少, 압운의 유무, 운자(韻字)의 위치 등을 기준으로 분류된다. 매구(每句)의 자수는 5언 7언이 가장 많고, 4언 6언도 있다. 구수는 4구 8구 및 그 밖의 것으로 크게 나뉘며, 4구의 대부분은 절구(絶句), 8구의 대부분은 율시(律詩)라고 한다. 압운에서 운자는 구말(句末)에 위치하는 것이 대부분이지만, 고대의 시 가운데에는 구수(句首)나 구중(句中)에 압운하는 경우도 있다. 특히 장편 시에는 도중에 운을 바꾸는 환운(換韻)도 있다.

고시의 대표적인 것이 오언고시와 칠언고시이다. 오언고시는 당 이전 문학의 주류를 형성하였던 것으로 이 시체는 한 구의 다섯 자를 2, 3의 격조로 엮는 것이 정식이다. 오언고시는 전한시대에 그 정형이 성립되었고 건안시대(建安時代)에 대성하였는데, 우리나라의 경우 신라 진덕여왕이 당나라 고종에게 보낸 「태평송(太平頌)」이 문헌에 보이는 최초의 것이다.

우리나라의 근체시(近體詩)·고체시에 대하여 새로운 형식의 시를 말하며 금체시(今體詩)라고도 한다. 고체시와는 달리 운율 즉 각 시구를 구성하는 음절의 억양·장단의 배열법이 일정한 규칙의 제한을 받는다. 율시·배율(排律)·절구가 이에 속하며 각각 5언과 7언의 구별이 있다. 근체시는 당대에 그 형식이 완성되었다.

율시는 1편이 4운 8구로 된 것으로 5언·7언의 구별이 있다. 대우(對偶)·성운(聲韻)·자수·구수 등에 모두 엄격한 규정이 있다. 두 구절을 묶어 일련(一聯)이라고 하고, 수련(首聯)·함련(頷聯)·경련(頸聯)·미련(尾聯)으로 구성된다. 이때 함련과 경련은 반드시 대어(對語)를 써서 연구(聯句)를 이루어야 한다. 압운은 오언율시에는 제2·4·6·8구에, 칠언율시에는 제1·2·4·6·8구에 각각 각운(脚韻)을 붙여야 한다. 배율의 시체는 6연 즉 12구로 한편을 이루며 한 구는 5언이 정격이나 7언도 있다. 평측과 압운은 율시의 그것과 비슷하나 6연을 모두 대어연구(對語聯句)로 하는 것이 원칙이다.

우리나라의 한시가 거꾸로 중국에까지 알려져 전당시(全唐詩)에 작품을 전하고 있는 신라인으로는 왕거인(王巨仁)의 분원시(憤怨詩)를 비롯하여, 고원유(高元裕)·김진덕(金眞德)·설요(薛瑤)·김지장(金地藏)·최치원·김입지·김가기·김운경 등으로, 이들 대부분이 직접 중국에 들어가 한시를 배우고 익힌 유학생들이라는 사실에 유의할 필요가 있다. 시·서·화, 삼절(三絶)로도 이름 높은 신위(申緯)의 시는 천정만상(千情萬狀)이 자유자재로 표현되어 조선시대 제일대가로 불리기도 하였거니와, 민족의 애환을 시로서 노래한 대표적인 시인이기도 하다. 蘇東坡를 특히 사숙하였지만 그가 이룩한 독특한 시체 때문에 그의 시는 흔히 변조(變調)라는 비평을 받기도 한다.

이렇듯 한시는 어렵고 힘든 학문이다. 어려우니 더욱 매력을 가질 수밖에 없다. 한시를 무엇에 쓰려고 반문하는 분도 있다. 한시를 계승하고 우리 문학을 장려하는 차원에서 요즘에는 백일장 대회가 전국에서 50여 곳에서 봄·가을에 지방 축제로 수시로 열리고, 한시를 권장하는 분들도 많이 있다. 나 또한 한시의 매력에 빠져 있다. 전국 장원도 수십 번을 하고 나니, 이제는 한권으로 보는 책으로 정리하여 출판을 하게 되었다. 書集은 四書의 名言으로 서예작품을 하고, 詩集은 전국 백일장 참가 위주로 하고 틈틈이 풍월시를 포함 200수를 수록하여, 서집과 시집을 한권으로 묶어서 발간하게 되었다. 항상 부족한 사람이 여러분 앞에 서기가 부끄러우나 이번 기회를 통하여 많은 분의 질책을 마음에 새기겠습니다. 시집 발간을 도와주신 포항연서회 백인태 고문님, 회장님, 여러 회원 분과 도서출판 다운샘 김영환 사장님께 감사드린다.

丁酉年 가을 鏤雲齋에서 丁奎元

목차

3. 抒 情

4. 追慕

5. 祝賀

6. 懷古

1. 景觀

國立公園小白山

絶景名園小白山　절경명원소백산
崢嶸聳出半空間　쟁영용출반공간
春來躑躅盛開頂　춘래척촉성개정
歲久伽藍微笑顔　새구가람미소안
喜瀑深溪流水急　희폭심계유수급
毘盧喬嶂影雲閑　비로교장영운한
塵喧不入如仙界　진훤불입여선계
盡日探光未促還　진일탐광미촉환

국립공원 소백산

이름난 소백산이 경치가 좋은데
험준하게 우뚝 솟은 것이 우리나라의 중심이라네.
봄이 오는 철쭉은 정상에는 만발하고
오랜 세월에 가람은 얼굴에 미소 짓더라.
깊은 계곡 희방폭포는 급하게 흐르고
높은 산 비로봉의 구름은 그림자에 한가롭더라.
진훤들이 들어가지 못하니 신선세계와 같고
탐광에 날이 저무니 돌아가는 것을 재촉하지 못하더라.

- 崢嶸 : 험준한 모양.
- 躑躅 : 철쭉.
- 伽藍 : 절의 별칭. 사찰.

陶院賞梅

陶山書院訪陽春　도산서원방양춘
早發梅花滿眼新　조발매화만안신
節友社邊非失馥　절우사변비실복
幽貞門下獨誇眞　유정문하독과진
氷姿綽約挑詩興　빙자작약도시흥
玉骨嬋娟脫俗塵　옥골선연탈속진
李子化仙今不在　이자화선금부재
愛君高士筆圖伸　애군고사필도신

도산서원 매화

도산서원을 아름다운 봄에 방문하니
일찍 핀 매화가 눈에 새롭게 가득차더라.
절우사 변에는 오직 향기가 떨치고
유정문 아래는 홀로 참됨을 과시하더라.
작약 빙자에 시흥을 돋우고
선연 옥골은 속진에 벗어나더라.
퇴계 선생은 신선에 가시고 지금 없으니
매화를 사랑하는 선비는 붓으로 그림을 펼치리라.

도산서원은 퇴계 이황 선생을 기리기 위해 만든 경상북도 안동시 도산면 토계리에 있는 서원이다. 사적 제170호로 이황이 사망한 지 4년 후인 1574년에 설립되었다. 영남학파와 한국 유학을 대표하는 이황을 모신 도산서원은 선비들이 퇴계(退溪) 이황(李滉, 1501~1570)과 월천(月川) 조목(趙穆, 1524~1606)을 함께 향사하면서 심신을 수양하고 학문을 연마하던 교육 시설이다. 이황은 주자학을 집대성한 유학자로 너무나 매화를 사랑하여 매형이라고 부름.

13 사서의 명언과 자음

東津江

東江淸水照鮮明　동강청수조선명
民草哀歡別有情　민초애환별유정
文學丁翁輝美曲　문학정옹휘미곡
儒風崔老振芳名　유풍최노진방명
淵源內岫平原到　연원내수평원도
灌漑湖坪廣野行　관개호평광야행
蜂起精神誰不仰　봉기정신수불앙
穀倉母乳富農成　곡창모유부농성

정읍 동진강

동진강 맑은 물이 선명하게 비추는데
민초들의 애환에는 특별한 정이 있더라.
정극인 문학은 아름답게 빛나고
고운〔최치원〕 선생의 유풍은 방명에 떨치더라.
내장산의 연원은 평원으로 이르고
호남평야에는 물을 대고 광야로 행하더라.
봉기 정신을 누가 우러러 보지 않으리오.
곡창의 젖줄이 부한 농가에 이르리라.

동진강 유역의 북측과 동측은 성덕산(24.2m), 모악산(793.5m), 국사봉(543m), 흑방산(538m)을 분수령으로 만경강 유역에 접하고 남측으로는 성옥산(388.5m), 내세산(763.2m)을 분수령으로 하여 섬진강 및 영산강 유역과 접하고 있으며, 서측으로는 변산반도 국립공원과 접하여 있다. 유역의 형상은 대체적인 선형(扇形)을 이루고 있으며 하상은 전 구간이 실트 및 점토로 구성되어 있다. 정읍시 신태인읍 서쪽 1.5㎞에서 내장산에서 발원하는 정읍천과 합류, 이평(梨坪, 배들)의 넓은 충적평야를 흐른 뒤, 호남평야 남부에서 김제시와 부안군의 경계를 이룬다. 부안군 동진면의 하구에서 김제시 모악산(母岳山, 793m)에서 흘러나오는 원평천(院坪川)과 정읍시 고부면에서 흘러나오는 고부천과 합류, 황해의 넓은 간석지로 흘러든다.

登龜旨峰

龜旨峰登是艶陽　구지봉등시염양
追思往蹟感懷長　추사왕적감회장
盆城懿蹟坊坊麗　분성의적방방려
駕洛遺風處處芳　가락유풍처처방
六盒說言聽頓首　육합설언청돈수
九干歌唱喜傾觴　구간가창희경상
首王誕降曾開國　수왕탄강증개국
往事昭明迓吉祥　왕사소명아길상

김해 구지봉을 오르다

구지봉을 좋은 계절 염양에 오르니
왕적을 생각하니 감회가 길더라.
분성 의적은 방방이 화려하고
가락국의 유풍은 곳곳에 향기롭더라.
육합 설언을 들으니 머리를 조아리고
구간 가창을 좋아하여 잔을 기우리더라.
김수로 왕 태어나 일찍이 나라를 열었으니
왕사 소명에 길상을 맞이하리라.

- 龜旨峰 : 金海에 있는 작은 산으로, 가락국의 시조 김수로왕께서 탄강한 신화가 어린 곳으로 거북이가 엎드린 형상.
- 盆城 : 경남 김해의 옛 고호.
- 六盒 : 하늘에서 6개의 금합이 내려와 6가야 왕이 됨.
- 九干 : 구간들이 수로왕을 맞이할 때 불렀다는 최초 구지가 노래.

馬山菊花祝祭

佳節秋光十月陽　가절추광십월양
菊花祝祭馬山芳　국화축제마산방
叢林砌下朝含露　총림체하조함로
數朶籬邊夕傲霜　수타리변석오상
色色栽培情趣滿　색색재배정취만
形形裝飾感歎長　형형장식감탄장
鮮姸燦爛尤香好　선연찬란우향호
玩賞詩人又擧觴　완상시인우거상

마산 국화축제

가절 추광의 시월 양지에
국화축제로 마산이 아름답도다
숲속 섬돌 아래서 아침 이슬을 머금고
울타리 가에는 저녁 서리를 업신여기더라.
모든 색 재배에 정취가 가득하고
모양 모양이 장식에 감탄이 길어지더라.
아름답고 찬란함에 더욱 향기가 좋으니
완상하는 시인들은 또 술을 드는구나.

望龍頭山松鶴

龍山突兀永嘉天　　용산돌올영가천
松鶴高姿展眼前　　송학고자전안전
千尺貞枝岑遠繞　　천척정지잠원요
四時秀葉岸長連　　사시수엽안장연
白衣水鳥遊祥氣　　백의수조유상기
丹頂仙禽帶瑞烟　　단정선금대서연
望見騷人風景好　　망견소인풍경호
燦然物色美巢圓　　찬연물색미소원

안동 용두산 송학

용두산이 영가〔安東古號〕의 하늘에 우뚝 솟으니
소나무와 학의 높은 자태가 눈앞에 펼쳐지는구나.
높고 굳은 가지는 먼 산봉우리에 둘러있고
사시의 빼어난 잎은 긴 언덕에 이어지더라.
흰옷에 물새는 상서로운 기운에 놀고
붉은머리 학은 상서로운 연기를 대하더라.
바라보는 소인은 풍경이 좋으니
찬연 물색으로 새의 둥근 집이 아름답더라.

密城 孟秋

蜜城探訪孟秋陽　밀성탐방맹추양
景色玲瓏晩瑞光　경색영롱만서광
華嶽霧收山外翠　화악무수산외취
嶺樓日掩檻邊凉　영루일엄함변량
四時變化迎槐宅　사시변화영괴택
五穀登豊繞草堂　오곡등풍요초당
退去炎天詩客樂　퇴거염천시객락
以文會友世愁忘　이문회우세수망

밀양의 초가을

밀성〔밀양 옛 지명〕을 깊은 가을에 탐방하니
경색이 영롱하니 시광이 가득하더라.
화악산에 안개를 거두니 산 밖에는 푸르고
영남루가 해를 가리니 난간 변에는 서늘하더라.
사시의 변화를 고택에서 맞이하고
오곡등풍은 초당에 드리워 있더라.
염천이 물러가니 시객들은 즐겁고
문으로 벗이 모이니 세상 근심을 잊으리라.

密城 春色

三月山河雨後明　　삼월산하우후명
密陽春色吐香淸　　밀양춘색토향청
園桃灼灼連新市　　원도작작연신시
堤柳枝枝朶古城　　제류지지타고성
華嶽煙霞群鳥樂　　화악연하군조락
終南樹木百花榮　　종남수목백화영
嶺樓喜上望佳景　　영루희상망가경
墨客詩人感歎聲　　묵객시인감탄성

밀성[밀양] 춘색

삼월의 산과 냇가에 비온 뒤가 밝으니
밀양의 봄색이 맑은 향기를 토하더라.
동산에 봉숭아꽃은 찬란하여 신시에 비치고
언덕에 버드나무 가지는 고성에 늘어졌더라.
화악산의 연화에는 많은 새들이 즐겁고
종남산의 수목에는 많은 꽃들이 무성하더라.
영남루에 기쁘게 올라 아름다운 경치를 바라보니
묵객 시인들은 감탄하는 소리더라.

訪樂水亭有感

探訪樂亭深谷間　탐방요정심곡간
聳巖管領水兼山　용암관령수겸산
川渠漾漾龜淵突　천거양양구연돌
松畔蒼蒼鶴洞環　송반창창학동환
今日銀鉤門柱寄　금일은구문주기
當時仙翰石苔斑　당시선한석태반
愼翁講似詩人聽　신옹강사시인청
名勝徘徊滿喜顔　명승배회만희안

거창 요수정 방문

요수정의 심곡 사이를 탐방하니
바위에서 솟아서 물과 산을〔管領〕 맡아 다스리더라.
시냇물은 출렁거려 龜淵〔거북바위〕에 부딪치고
언덕의 소나무는 푸르러서 鶴洞〔신선마을〕에 둘리더라.
금일의〔銀鉤〕 아름다운 글씨는 문설주에 붙여있고.
당시의〔仙翰〕 청고한 문장은 돌이끼에 아롱거리더라.
요수 신권 선생의 강학을 시인들이 듣는 것 같으니
명승지 배회에 기쁜 얼굴이 가득 차더라.

- 管領 : 도맡아 다스림.
- 銀鉤 : 아름답게 쓴 글씨.
- 仙翰 : 청고한 문장.

百花滿發

百花滿發歎聲高　백화만발탄성고
蝶舞蜂歌好節遭　접무봉가호절조
墻畔依依粧綠柳　장반의의장록류
園中灼灼繞姸桃　원중작작요연도
野翁出野醉香氣　야옹출야취향기
騷客登亭傾濁醪　소객등정경탁료
萬紫千紅皆畵幅　만자천홍개화폭
逍遙盡日興陶陶　소요진일흥도도

봄 꽃

모든 꽃이 활짝 피어 탄성이 높으니
나비 춤추고 벌 노래에 좋은 계절을 만나더라.
담장과 밭은 무성하여 푸른 버드나무로 장식하고
동산 가운데 피어서 고운 복숭아꽃이 둘러 있더라.
노인들은 들에 나가 향기에 취하고
시인들은 정자에 올라 막걸리를 기울이더라.
일만 꽃들이 모두 화폭 같으니
하루 종일 즐기니 흥이 도도하더라.

- 依依 : 무성한 모양.
- 灼灼 : 꽃이 찬란하게 핀 모양.

山菜有名日月山

有名山菜日圍山　유명산채일위산
多産群峰萬谷間　다산군봉만곡간
蕨粉折收無手息　궐분절수무수식
沙蔘採取不鋤閑　사삼채취불서한
食肴獨活香身帶　식효독활향신대
飾饌當歸味口環　식찬당귀미구환
要請商人稱頌裡　요청상인칭송속
吾儕購買滿怡顔　오제구매만이안

산나물 영양 일월산

산채가 유명한 일월산〔일명 일위산〕에
군봉과 만곡 사이에 산채가 많이 생산되더라.
궐분을 꺽어 거누니 손은 잠시도 쉴 틈이 없고
사삼을 채취하니 호미도 한가로움이 없더라.
독활을 안주로 먹으니 몸에 향기가 배이고
당귀를 반찬으로 만드니 입맛이 돌더라.
상인들의 요청이 칭송으로 이어지고
우리들이 구매하니 기쁜 얼굴로 가득하더라.

• 日月山 : 일명 日圍山으로 英陽에 있는 산 이름.　• 蕨粉 : 산에 나는 고사리.
• 沙蔘 : 깊은 산속에 나는 더덕.　• 獨活 : 일월산에 나는 어수리 나물로 드릅나무과 속함.
• 當歸 : 산에 나는 참당귀 나물.

賞春曲

茶軒昔日玩和春　다헌석일완화춘
萬紫千紅莫不親　만자천홍막불친
筆下勁傳華麗節　필하경전화려절
辭中妙寫艶陽辰　사중묘사염양진
東風望綠林光好　동풍망록림광호
南國尋芳景色新　남국심방경색신
陋巷簞瓢誰侮弄　루항단표수모롱
安貧樂道養天眞　안빈낙도양천진

봄을 노래함

불우헌 선생께서 옛날에 화봄을 구경하니
만자천홍이 친하지 아니함이 없도다.
붓 아래 굳건히 화려한 계절을 전하고
글 가운데 묘하게 봄의 시간을 베끼더라.
동풍에 푸른색을 바라보니 빛이 좋고
남국의 아름다운 것을 찾으니 경색이 새롭더라.
누항 단표를 누가 업신여기고 희롱하리요
안빈낙도가 천진을 기르더라.

조선 성종 때 정극인(丁克仁 : 1401~81)이 지은 가사가 총 39행 79구『불우헌집 不憂軒集』권2에 실려 있다. 단종이 폐위되자, 정언(正言) 벼슬을 사퇴하고 고향인 전라북도 태인(泰仁)에 은거하면서 후진을 양성함.

- 陋巷 : 누추하고 좁은 거리.　● 艶陽 : 따뜻한 봄 경치.
- 簞瓢 : 가난한 사람이 먹는 보잘 것 없는 음식.

賞宜寧山河九景

名勝宜寧九景幽　명승의령구경유
此中別好鼎巖樓　차중별호정암루
漢山谿谷靑雲起　한산계곡청운기
神德峰巒碧水流　신덕봉만벽수류
稽首義兵忠翼下　계수의병충익하
停笻秘境鳳凰頭　정공비경봉황두
湖翁白老遺墟地　호옹백노유허지
不足奚囊筆不收　부족해낭필불수

의령의 아홉 경치

명승지 의령을 구경하기 그윽한데
이 가운데 특별히 정암루가 제일이더라.
한우산의 계곡은 청운이 흐르고
신덕산의 봉만에는 벽수가 흐르더라.
의병은 충익사 아래에서 머리를 조아리고
비경은 봉황대 머리에서 지팡이가 머무르더라.
삼성의 이병철 생가와 백산 안희재 선생의 유허지에
좁은 나의 시주머니가 붓으로도 기록하지 못하더라.

賞歎海東龍宮寺風光

名刹龍宮冠我東　명찰용궁관아동
懶翁始築起禪風　나옹시축기선풍
雲晴牆外青山繞　운청장외청산요
日出場前碧水洪　일출장전벽수홍
奇異侍臺詩想動　기이시대시상동
莊嚴觀佛道心隆　장엄관불도심융
歡呼萬客如仙界　환호만객여선계
地秘天慳感歎雄　지비천간감탄웅

해동 용궁사 풍광

용궁사 절승이 동방에서 빼어났는데
나옹 선사 처음 건축하여 선풍이 일어나더라.
구름이 그치니 담장 밖에는 청산이 두르고
일출 마당 앞에는 푸른 물이 넓더라.
경치 좋은 시랑대는 시문이 움직이고
웅장하고 장엄한 관불에 도심이 높더라.
만객들이 환호에 신선의 세계와 같으니
하늘이 아낀 신비한 땅에 감탄이 웅장하더라.

頌泗川八景

泗川八景最吾東　사천팔경최오동
華麗山河仙境同　화려산하선경동
群島大橋滄海渡　군도대교창해도
邑城明月白雲通　읍성명월백운통
實安落照神工德　실안낙조신공덕
船里櫻花造化功　선리앵화조화공
南逸旻峰風致好　남일민봉풍치호
遊人玩賞頌無窮　유인완상송무궁

경남 사천 팔경

사천팔경이 우리나라 동쪽에 최고로 좋은데
화려한 산과 물이 좋은 경치와 같더라.
군도의 대교는 푸른 바다를 건너고
읍성의 명월은 백운이 통하더라.
실안 앞바다의 낙조는 신이 만든 덕이요
선진리의 벚꽃나무는 조화의 공이더라.
남일대와 민재봉은 풍치가 좋으니
유인들의 구경에 칭송이 다함이 없더라.

선진리 동산에 있는 櫻花로 벚꽃나무를 칭함. 四月의 선진리 동산에는 벚꽃이 흐드러지게 피고, 선진리 항구에서 처음으로 이순신 장군이 배를 건조하여 왜적에 맞서기 위해 첫 출항한 작은 어촌에 있는 동산.

新秋于密陽官衙

密陽官舍報秋時　밀양관사보추시
雅會團欒和合知　아회단란화합지
墨客完成摸景畵　묵객완성모경화
騷人吟詠敍情詩　소인음영서정시
淸香閣內思民政　청향각내사민정
梅竹堂中忘我私　매죽당중망아사
惟願年年開此席　유원년년개차석
講書論讀輔仁期　강서논독보인기

가을 밀양 관아

밀양 관아에 가을을 알리니
단란한 선비들의 아회가 화합을 알리더라.
묵객은 경치를 그림으로 묘사하여 완성하고
시인은 정을 펼쳐 시로 읊더라.
청향각 안에는 민정을 생각하고
매죽당 가운데서 나의 사사로운 것을 잊더라.
오직 해마다 이 자리에서 개최하기를 원하니
강서를 논하고 읽으니 인을 도우기를 기약하노라.

靈巖勝地賞春

勝地靈巖別有天　승지영암별유천
賞春騷客四方連　상춘소객사방연
桃園灼灼開脣裏　원도작작개순리
柳岸依依作帳邊　유안의의작장변
道岬峰頭盈淑氣　도갑봉두영숙기
榮山江上繞祥煙　영산강상요상연
敬虔祝祭隣鄉振　경건축제인향진
八道文章樂賦筵　팔도문장낙부연

영암의 봄

승지〔靈巖〕에 봄을 만나 특별한 것이 있으니
상춘에 소객들이 사방으로 연결 되었더라.
복숭아 동산에 작작하여 꽃 입술이 너시는 속에
버드나무 언덕은 의의하여 장막을 치는 변이라.
도갑산 봉두에는 맑은 기운이 가득하고
영산강 위에는 상서로운 연기가 둘리도다.
경건하는 축제가 이웃 마을에 떨치니
팔도에 문장들이 시 자리를 즐기더라.

- 灼灼 : 빛나는 모양. 꽃이 한창 피어있는 모양.
- 依依 : 바람에 가볍고 부드럽게 한들거리는 모양.

頌初夏

初夏循環似去年　초하순환사거년
薰風大麥帶黃先　훈풍대맥대황선
殘花漸瘦青皇去　잔화점수청황거
芳草方肥赤帝旋　방초방비적제선
溪谷淸陰斟酒席　계곡청음짐주석
林亭爽快詠詩筵　임정상쾌영시연
三春已過來蒸暑　삼춘이과래증서
翠色同天染一連　취색동천염일연

첫 여름

초하의 순환이 지난해와 같으니
훈풍의 큰 보리는 노란 것을 먼저 대하더라.
쇠잔한 꽃은 점점 시드니 청황은 가고
방초에는 살을 찌우니 적제는 돌아오더라.
계곡 청음은 술을 따르는데 만족하고
숲속의 정자가 상쾌하니 시 노래하는 자리더라.
삼춘이 지나고 더위가 돌아오니
푸른색은 하늘과 같이 물들어 하나로 이어지더라.

- 靑皇 : 靑帝. 봄을 맡은 동쪽의 신.
- 赤帝 : 오제의 하나로 여름의 신.

遊武陵桃源

武陵絶景莫非眞　무릉절경막비진
滿目風光百感新　만목풍광백감신
白荻桐江屛若繞　백적동강병약요
丹楓飛鳳帳如伸　단풍비봉장여신
群賢隱遁成靈界　군현은둔성령계
高士淸遊遠俗塵　고사청유원속진
春夏秋冬開別界　춘하추동개별계
吾儕訪問好相親　오제방문호상친

정선 무릉도원

무릉도원 절경이 아름다운데
만목 풍광의 많은 생각이 새롭더라.
동강의 흰 갈대는 상막 같이 두르고
비봉산의 단풍은 병풍처럼 펼치더라.
군현들이 은둔에 신령 세계를 이루고
고사들이 청유에 세속의 티끌을 멀리하더라.
자연 심취하여 특별한 경치를 열리니
선비들의 방문은 서로 좋아서 친하더라.

정선 옛적 고을 이름은 무릉도원(武陵桃源)이라, 산이 높고 울울 청청하여 머루랑 다래랑 먹고 살고 지고, 철따라 복사꽃 진달래꽃, 철쭉꽃 강산을 불태웠다네. 휘도는 골짜기에 굽이치는 강물은 홍건한 젖 줄기 되어 물방아 돌고 철철 콸콸 청렬(淸冽)하게 흘러 욕소(浴所)하면 마음은 등선하고 아우라지 뱃사공에게 떠나가는 임을 근심하던 아낙네의 그윽한 정한(情恨)이 서럽도록 그립던 터전이었노라. 자연 따라 인심 또한 정결하고도 의연하매 우국충절의 기개도 산세처럼 준열(峻烈)하던 고장이 여기가 아니었던가.

義伴松竹

圃翁陵在秀山坰　　포옹릉재수산경
義伴竹松無變青　　의반죽송무변청
死後芳名明若月　　사후방명명약월
生前偉業耀如星　　생전위업요여성
事親至孝人倫守　　사친지효인륜수
輔國忠情社稷寧　　보국충정사직영
不事二君稱表象　　불사이군칭표상
後人膾炙頌碑銘　　후인회자송비명

의는 송죽과 짝하며

포은 선생 묘가 문수산 들판에 있는데
의는 죽송과 짝하여 변함없이 푸르더라.
사후 방명은 밝은 달과 같고
생전 위업은 빛나기가 별과 같더라.
어버이 섬기는 지효는 인륜을 지키고
나라를 도우는 충정은 사직을 편안히 하더라.
불사이군은 선생의 표상으로 칭하니
후인들이 회자를 칭송함에 비문에 새기리라.

• 膾炙 : 회와 구운 고기라는 뜻으로 널리 칭찬(稱讚)을 받으며 사람의 입에서 입으로 전하는 말.

早春日暖

早春日暖退嚴寒　조춘일난퇴엄한
陽地溪邊活氣看　양지계변활기간
岸柳靑開吟亦樂　안류청개음역락
庭梅白綻玩無難　정매백탄완무난
千林雨浥蘇生始　천림우읍소생시
群蟄雷鳴睡覺完　군칩뢰명수각완
布德東君呈瑞兆　포덕동군정서조
願言國泰又民安　원언국태우민안

이른 봄

조춘 일난으로 추운 겨울이 물러가니
양지 물가에는 활기가 보이더라.
언덕 실버들은 푸르러서 노래하는 것이 즐겁고
마당 매화는 꽃이 피어 구경에 어려움이 없더라.
많은 숲이 비를 맞으니 소생이 시작되고
땅속에 우는 곤충은 잠에서 완전하게 깨어나더라.
봄의 신이 덕을 펼쳐 상서로운 길조를 더하니
나라와 또한 백성이 편안하기를 원하노라.

讚英陽瑞石池

瑞池古隱我尋臨　서지고은아심임
內外周觀感歎深　내외주관감탄심
亭畔梅蘭含馥氣　정반매난함복기
軒前松竹奏淸音　헌전송죽주청음
灑虹水動魚來往　쇄홍수동어래왕
龜浦風隨石汎沈　구포풍수석범침
築造鄭公登寶物　축조정공등보물
騷朋全國讚詩吟　소붕전국찬시음

영양 서석지

고은〔영양지명〕 서석지를 내가 찾아 임하니
안과 밖을 두루 보니 감탄이 깊더라.
정자 언덕의 매화 난초가 향기의 기운을 머금고
난간 앞의 소나무 대나무가 청음을 아뢰더라.
灑雪虹의 물이 움직이니 고기가 오고가고
龜浦는 바람에 따라 돌이 뜨고 잠기더라.
정공〔석문 정영방 선생〕 축조에 보물로 등재되니
전국의 시인들은 찬하는 시로서 읊더라.

중요민속자료 제108호. 이 정자는 정영방(鄭榮邦)이 1613년(광해군 5)에 축조하였다고 전한다. 연못은 수려한 자양산(紫陽山)의 남쪽 완만한 기슭에 위치하였으며, 방지(方池)의 북단에 있는 3칸 서재인 주일재(主一齋)는 '雲棲軒(운서헌)'이라 편액하였다. 서단에는 6칸 대청과 2칸 온돌이 있는, 규모가 큰 정자인 경정(敬亭)을 세우고, 경정의 뒤편에는 수직사(守直舍) 두 채를 두어, 연못을 중심으로 한 생활에 불편이 없도록 하였다.

• 灑雪虹 : 못 안에 있는 지명.　• 龜浦 : 못 안에 있는 지명.

讚河東三寶

有名三寶在河東　유명삼보재하동
別有煙霞錦繡同　별유연하금수동
蟾水平原楊柳綠　섬수평원양류록
智山峻嶺杜鵑紅　지산준령두견홍
花開盛市浮新世　화개성시부신세
青洞咿唔守古風　청학이오수고풍
春夏秋冬誰不羨　춘하추동수불선
自然探賞讚無窮　자연탐상송무궁

하동 삼보를 찬함

유명한 삼보가 하동에 있는데
별개천의 연하가 금수와 같더라.
섬진강 평원에 버들이 푸르고
지리산 준령에 두견이 붉더라.
화개장터 성시에 새로운 것이 부상하고
청학동 글소리는 고풍을 지키더라.
춘하추동을 누가 부러워하지 않으리요
자연 탐상에 칭찬으로 다함이 없더라.

• 三寶 : 지리산, 섬진강, 한려수도.

昌原八景

昌原八景遠尋先　창원팔경원심선
對眼無非別界天　대안무비별계천
聖寺今存忘俗客　성사금존망속객
達亭古有講書賢　달정고유강서현
南池候鳥爭魚餌　주지후조쟁어이
柱岳鵑花訝火烟　주악견화아화연
隨節風光如畵幅　수절풍광여화폭
騷朋玩賞探芳鮮　소붕완상탐방선

창원 팔경

창원 팔경을 멀리서 먼저 찾으니
눈에 보이는 것은 별개천이 아니함이 없더라.
성주사는 지금도 세속을 잊은 객이 있고
달천정에는 글을 강하는 어진 선비〔眉叟〕가 있더라.
주남지의 철새들은 고기 먹이를 다투고
천주산의 두견화는 붉은 빛을 맞이하더라.
계절에 따라 풍광은 화폭과 같으니
소붕들의 완상에 아름답고 고운 것을 탐하더라.

- 聖住寺 : 昌原 佛母山에 있는 新羅 興德王이 創建한 천년고찰.
- 達川亭 : 眉叟許穆 先生이 學問을 강의하던 곳.
- 注南池 : 철새의 到來地. 天惠의 濕地.
- 天柱山 : 昌原 北面에 있는 산. 杜鵑花 群落의 壯觀.
- 玩賞 : 어떤 대상을 취미로 즐기며 구경함.

秋日登映湖樓

勝地安東又到秋　승지안동우도추
與朋喜陟映湖樓　여붕희척영호루
丹楓漸染蘿山麓　단풍점염라산록
白荻頻飄洛水洲　백적빈표낙수주
淡泊朱樓揮筆樂　담백주루휘필락
鮮姸畵棟誦詩遊　선연화동송시유
以文會友團欒裡　이문회우단란리
萬象森羅第一休　만상삼라제일휴

가을날 영호루

승지 안동에 또 가을이 이르니
벗과 더불어 기쁘게 영호루에 오르더라.
단풍은 점점 갈라산 언덕에 물들고
흰 갈대는 자주 낙동강 물가에 날리더라.
누각은 담박하여 휘필로 즐겁고
화동은 선연하여 송시로 놀더라.
이문회우로 단란한 속에
삼라만상의 이 자연이 제일로 편안하더라.

영호루가 전국적인 명소로 알려지게 된 것은 공민왕(恭愍王, 1330~1374) 때의 일이다. 1361년(공민왕 10) 10월 홍건적이 침입하여 개경이 함락되자, 공민왕은 남쪽으로 몽진하여 경상북도 안동에 이르게 되었다. 공민왕은 자주 영호루에 나아가 군사훈련을 참관하고 군령을 내렸으며, 배를 타고 유람하거나 물가에서 활을 쏘며 심회를 달랬다. 홍건적이 물러나고 개경으로 환도한 후에도 이곳을 잊지 못하여 1366년(공민왕 15) 겨울 친히 붓을 들어 '영호루(映湖樓)' 석 자를 써서 판전교시사(判典校寺事) 권사복(權思復)을 불러들여 면전에서 주었다.

春滿乾坤

九十韶光陽氣先	구십소광양기선
乾坤春滿備豊年	건곤춘만비풍년
佳人玩賞傾詩席	가인완상경시석
墨客逍遙設酒筵	묵객소요설주연
細柳鮮姸垂閣下	세류선연수각하
百花艶美繞窓前	백화염미요창전
森羅萬象如仙境	삼라만상여선경
處處東君布德傳	처처동군포덕전

봄이 가득함

구십 소광〔봄 석달〕이 좋은 기운을 먼저하니
봄은 건곤에 가득하여 풍년을 준비하더라.
가인은 완상에 시 자리를 펼치고
묵객은 노닐면서 술자리를 준비하더라.
가는 버드나무는 고와서 정자 아래 늘어지고
백화는 아름다워 창 앞에 둘리도다.
삼라만상은 선경과 같으니
곳곳에 동군의 덕을 펼쳐서 전하리라.

- 乾坤 : 하늘과 땅. 천지.
- 仙境 : 경치가 신비롭고 그윽한 곳.
- 東君 : 봄을 맡은 동쪽의 신.

春興頌

韶光欲賞踏四郊　소광욕상답사교
物色鮮姸滿地交　물색선연만지교
堤上微風紅朶朶　제상미풍홍타타
園中細雨綠梢梢　원중세우록초초
白蝴亂舞尋新席　백호난무심신석
玄鳥歸來探舊巢　현조귀래탐구소
萬象森羅誰不好　만상삼라수불호
優遊盡日世愁抛　우유진일세수포

봄을 칭송

소광에 감상하고 싶어 넓은 들을 밟으니
고운 물색은 땅에 가득하며 사귀더라.
둑 위의 미풍으로 술기술기 붉고
동산 위의 보슬비에 나무 끝이 푸르더라.
나비는 어지럽게 춤을 추며 새로운 자리를 찾고
제비는 돌아와 옛집을 탐하더라.
삼라만상을 누가 좋아하지 않으리요
하루 종일 즐기니 세상 근심을 버리더라.

- 韶光 : 봄의 아름다운 경치.
- 森羅萬象 : 우주(宇宙) 안에 있는 온갖 사물(事物)과 현상(現象).

2. 季 節

庚炎

庚炎六月滿乾坤　경염육월만건곤
避暑騷人到海門　피서소인도해문
天地若爐離去亂　천지약로이거난
山川如火往來煩　산천여화왕래번
閑居獨樂搖團扇　한거독락요단선
靜坐交遊勸酒樽　정좌교유권주준
遮日亭而無限好　차일정이무한호
赤黃不遠爽風存　적황불원상풍존

더운 여름

유월의 뜨거운 여름이 건곤에 가득 차니
더위를 피하는 소인들은 바다에 이르더라.
천지는 화로 같아서 가는 것이 복잡하고
산천은 불같아서 왕래가 괴롭더라.
한가하게 놀면서 둥근 부채를 흔들고
조용히 놀면서 술잔을 권하더라.
햇빛을 가린 정자가 한없이 좋으니
더운 여름이 멀지 않아 시원함이 있으리라.

• 爽風 : 가을바람. 추풍.

槿域江山新春來

自頌新春二月陽　자송신춘이월양
江山槿域草萌長　강산근역초맹장
漸看岸柳含新彩　점간안류함신채
又覺窓梅動遠芳　우각창매동원방
軟色雨添朋覓句　연색우첨붕멱구
淸香酒引士垂觴　청향주인사수상
韶光九十如斯迓　소광구십여사아
地氣無私萬物昌　지기무사만물창

근역 강산의 봄

신춘 이월 양춘을 스스로 칭송하니
우리나라 강산에 새싹이 길어지더라.
언덕의 버들잎을 보니 점점 새로운 채색을 머금고
창문의 매화는 봄을 먼 곳까지 알리더라.
비가 오니 부드러운 색에 벗들은 시구를 찾고
술을 당기는 맑은 향기에 선비들은 잔을 드리우더라.
구십 소광을 이와 같이 맞이하니
땅의 기운은 사사로움이 없으니 만물이 번창하리라.

臘雪

臘雪紛紛冒樹林　　납설분분모수림
從風玉綿外窓沈　　종풍옥면외창침
飛禽三白停家在　　비금삼백정가재
走獸六花住屋尋　　주수육화주옥심
天地無塵奇色發　　천지무진기색발
乾坤不夜麗光深　　건곤불야여광심
銀沙滿庭占風歲　　은사만정점풍세
農老今年擊壤吟　　농로금년격양음

섣달 눈

섣달 눈이 날리어 나무을 덮는데
바람에 따라 눈이 창문 밖에 침범하도다.
삼백에 나는 짐승은 집에 있고
육화에 달리는 짐승은 집을 찾아 가더라.
천지에 티끌 없이 기이한 색을 발하고
건곤에 밤이 아닌데 화려한 빛이 깊더라.
은모래가 마당에 쌓여 풍년을 점치니
농로는 금년에 격양가를 부르더라.

冬夜

滿庭明月照人家　　만정명월조인가
冬夜長長冷氣加　　동야장장랭기가
窓外思鄕頻擧酒　　창외사향빈거주
燈前開卷自嘗茶　　등전개권자상다
星群耿耿三更近　　성군경경삼경근
雁隊嗈嗈萬里遐　　안대옹옹만리하
散落六花銀世界　　산락육화은세계
騷人熟眠獨無差　　소인숙면독무차

겨울 밤

마당에 가득 찬 밝은 달은 집에 비추는데.
겨울밤이 길고 길어서 냉기가 더하더라.
창문 밖에는 고향 생각으로 자주 술을 들고
등불 앞에서 책을 보며 스스로 차를 맛보더라.
하늘의 별은 빛나서 삼경에 더욱 가까이 하고.
모든 기러기는 울부짖으며 먼 곳으로 가더라.
눈이 모이고 떨어져서 하얀 세상을 이루니
소인이 잠자리는 홀로 시차가 없더라.

- 耿耿 : 불빛이 깜박거림.
- 嗈嗈 : 서럽게 우는 모양.
- 六花 : 눈의 별칭.

冬至有感

無違天道自然元　무위천도자연원
晝短宵長溫突暄　주단소장온돌훤
處處結氷堅日月　처처결빙견일월
霏霏降雪滿乾坤　비비강설만건곤
梅花風動侮霜雪　매화풍동모상설
豆粥俗傳傾酒樽　두죽속전경주준
每迓今朝除厄裡　매아금조제액리
和親南北國無煩　화친남북국무번

동지 유감

천도는 어김없이 자연이 제일인데
낮과 밤이 길고 짧아서 온돌이 따뜻하더라.
곳곳에는 결빙으로 일월에 굳어지고
비비 강설에 건곤이 가득하더라.
매화는 풍동에 서리와 눈을 업신여기고
팥죽은 풍속을 전하며 술잔을 기울이더라.
매번 맞이하는 금일 아침에 액운 제거하는 속에
남북 화친으로 나라에 괴로움이 없더라.

- 霏霏 : 눈이 펄펄 내리는 모습.
- 豆粥 : 동지에 먹는 홍죽.

晩秋

晩秋佳節碧天高　만추가절벽천고
燈下可親耽讀豪　등하가친탐독호
紅葉嬋娟粧谷壑　홍엽선연장곡학
黃花燦爛映江皐　황화찬란영강고
金風浙瀝蟲聲亂　금풍절력충성란
玉露玲瓏月色滔　옥로영롱월색도
雁陣飛行風伴裡　안진비행풍반리
豐年五穀數傾醪　풍년오곡삭경료

만 추

만추 가절은 벽천이 높은데
등하가친에 탐독이 좋더라.
홍엽 선연의 골짜기가 화장하고
황화가 찬란하니 강 언덕에 비춰더라.
금풍 전력에 벌레 소리 요란하고
옥로가 영롱함에 월색이 넘치더라.
안진 비행에 바람과 짝하는 속에
오곡 풍년에 자주 막걸리를 들더라.

梅柳爭春頌

早春消息忽然聞　조춘소식홀연문
梅柳相爭莫等分　매류상쟁막등분
岸上看黃門外帳　안상간황문외장
庭邊綻白錦中紋　정변탄백금중문
濛濛降雨輕枝撼　몽몽강우경지감
習習吹風弱朶醺　습습취풍약타훈
賴此江山佳綠色　뢰차강산가녹색
東君仁厚我心欣　동군인후아심흔

매화와 버드나무

이른 봄의 소식을 갑자기 들으니
매화 버드나무 상쟁을 등급으로 나누지 못하더라.
언덕 위에 노란 것을 보니 문밖에 장막이고
마당가에는 흰꽃이 터지니 비단가운데 무늬더라.
보슬보슬 비가 내리니 가벼운 가지는 흔들리고
습습한 바람이 부니 약한 줄기는 술 취한 것 같더라.
이에 힘입어 강산이 녹색으로 아름다우니
동군인후에 나의 마음이 기쁘더라.

麥秋

南風四月麥秋時　　남풍사월맥추시
八域黃雲節氣知　　팔역황운절기지
收穫東西愁解好　　수확동서수해호
栽培前後惠均施　　재배전후혜균시
村夫運械頻流汗　　촌부운계빈류한
農者登豊喜擧卮　　농자등풍희거치
播種去年收穫樂　　파종거년수확락
家家鼓腹太平期　　가가고복태평기

가을 보리

사월 남풍은 보리가 익는 시기인데
전국 노란 물결은 계절을 알리더라.
동서의 수확은 근심을 해소하여서 좋고
전후 재배에는 혜택을 골고루 베풀더라.
촌부는 타작으로 자주 땀이 흐르고
농자는 등풍으로 기뻐서 술잔을 들더라.
작년에 파종하여 지금 수확하니
집집이 배 두드리며 태평을 기약하리라.

寶鏡寺雪松

長松寶寺聳冬天　장송보사용동천
傲雪凌霜幾歷年　오설능상기역년
勁節亭亭銀海滿　경절정정은해만
高標落落玉塵填　고표낙락옥진전
千枝針葉粧蒼色　천지침엽장창색
萬樹瓊林着白綿　만수경림착백면
與竹青青君子號　여죽청청군자호
四時不變壯無邊　사시불변장무변

보경사 겨울 소나무

보경사 장송이 겨울 하늘에 우뚝 솟았는데
눈과 서리를 업신여기고 몇 세월이 지났는가.
군센 절개는 곧아서 하얀 설경이 가득하고
높은 표상은 높아서 옥진으로 메워졌더라.
천 가지 침엽은 푸른색으로 화장하고
만 그루 아름다운 숲에는 흰 솜으로 덮어 있더라.
대나무와 더불어 푸르러서 군자로 부르니
사철에 변하지 않아 씩씩함이 끝이 없더라.

四時節分

八道江山錦繡粧　　팔도강산금수장
隨時處處變風光　　수시처처변풍광
春來苑裡看花樂　　춘래원리간화락
夏至林中避暑望　　하지림중피서망
賞菊觀楓心爽快　　상국관풍심상쾌
履霜玩雪氣寒凉　　리상완설기한양
莫言外國多奇景　　막언외국다기경
萬象森羅感嘆長　　만상삼라감탄장

의령 사계절

팔도강산이 비단으로 장식하니
때에 따라 곳곳에 풍광이 변하더라.
봄이 오니 동산 속의 꽃을 보니 즐겁고
여름에 이르니 숲속 가운데 피서를 바라보더라.
국화를 감상하고 단풍을 구경하니 마음이 상쾌하고
서리를 밟고 눈을 구경하니 기운이 차고 서늘하더라.
외국에 많고 기이한 경치를 말하지 말라
삼라만상의 감탄이 길어지더라.

雪景吟

萬樹千林雪景明　　만수천림설경명
乾坤一色畵圖成　　건곤일색화도성
鋪裝大路如銀海　　포장대로여은해
埋設高山作玉城　　매설고산작옥성
散散飛空猶有色　　산산비공유유색
紛紛看地又無聲　　분분간지우무성
非春花發園中舞　　비춘화발원중무
玩賞騷人感歎情　　완상소인감탄정

설 경

만수 천림이 설경에 밝으니
건곤이 일색으로 그림이 되었도다.
대로는 포장으로 하얀 바다와 같고
고산의 매설로 옥성을 지었도다.
편편히 공중을 나니 오히려 색이 있고
분분히 땅을 보니 또 소리가 없더라.
봄이 아닌데 꽃이 피어 동산 가운데 춤추니
구경하는 소인들은 감탄하는 정이더라.

雪中玉梅

雪裏玉枝春信來　설리옥지춘신래
窓前忽見冒寒開　창전홀견모한개
氷肌皎潔能超俗　빙기교결능초속
冷蕊芬芳不染埃　냉예분방불염애
疎影橫斜挑興樂　소영횡사도흥락
暗香浮動作詩催　암향부동작시최
問君稟受如何氣　문군품수여하기
天下花中第一哉　천하화중제일재

눈 속의 매화

눈 속의 가지는 봄소식을 전해 오니
창문가에 혼자 추위를 모르고 핀 것을 보았다.
얼음 살결은 깨끗하여 능히 속세를 뛰어넘었고
추위에 꽃은 향기에 오염이 물들지 않더라.
그림자는 가로 비끼어 흥 돋우어 즐겁게 하고
향기가 퍼지니 시 짓기를 재촉하더라.
묻노라 그대는 어떤 기운을 받았기에
천하의 꽃 중에 제일이더라.

小春卽景

十月呼稱謂小春　시월호칭위소춘
蕭條萬象孟冬眞　소조만상맹동진
染飛楓葉鶴山嶺　염비풍엽학산령
殘落蘆花兄水濱　잔낙노화형수빈
霜菊籬邊香抱久　상국리변향포구
寒梅窓外意含新　한매창외의함신
風光燦爛迎初雪　풍광찬란영초설
祭祀先塋父子親　제사선영부자친

초겨울 경치

시월 호칭이 소춘이라 이르지만
쓸쓸한 물상들은 진실로 초겨울이더라.
물들은 단풍잎은 비학신 능선으로 떨이지고
쇠잔한 갈대꽃은 형산강 물가로 떨어지더라.
상국은 울타리 변에 향기를 오래 동안 품고
한매는 창밖에 뜻을 새롭게 머금더라.
풍광이 찬란하여 초설을 맞이하니
선영의 시제에 부자간에 친하더라.

• 蕭條 : 쓸쓸한 풍경.
• 孟冬 : 초겨울 음력 시월
• 鶴山 : 포항의 비학산.
• 兄水 : 포항의 형산강.

新凉

登臨白帝報秋時　　등임백제보추시
大地新凉歲序知　　대지신량세서지
玉露玲瓏中夜降　　옥로영롱중야강
金風蕭瑟四郊馳　　금풍소슬사교치
啾啾蟬響庭前聽　　추추선향정전청
喞喞蛩聲砌上吹　　즉즉공성체상취
燈火可親書讀裡　　등화가친서독리
炎皇送別自傾巵　　염황송별자경치

서늘함

백제 등임으로 가을 시간을 알리니
대지의 시원함이 세월의 절서를 알게 되더라.
이슬은 투명하여 한 밤중에 내리고
가을바람은 쓸쓸히 모든 들에 달리더라.
요란한 매미 소리는 뜰 앞에서 듣고
작은 소리 메뚜기는 섬돌 위에서 울더라.
등화가친하며 글 읽는 속에
염황 송별에 스스로 잔을 기우리도다.

• 金風 : 가을비.　　• 玲瓏 : 투명함.
• 白帝 : 가을을 맡은 서쪽에 신.
• 啾啾 : 새 같은 것이 작은 소리로 욺.
• 喞喞 : 벌레가 요란하게 우는 소리.

新凉入郊

立秋凉氣漸侵郊　입추량기점침교
梧葉飄飄動樹梢　오엽표표동수초
露地三更蛩語亂　노지삼경공어란
爽天萬里雁聲交　상천만리안성교
騷人案上吟詩賦　소인안상음시부
農叟田頭擧酒肴　농수전두거주효
不暑不寒如此好　불서불한여차호
可親燈火韻推敲　가친등화운추고

서늘한 바람

입추에 서늘한 바람이 점점 들에 침범하니
오동잎이 떨어지니 나무 끝이 움직이더라.
땅 이슬 삼경에 메뚜기 소리 어지럽고
맑은 하늘 만리에는 기러기 소리가 교환하더라.
소인은 책상 위에 시부를 읊고
농부는 밭머리에서 술과 안주를 들더라.
더위도 없고 추위 없어 이와 같이 좋으니
등화가친에 운을 퇴고하더라.

新春希望

東君草木色含青　동군초목색함청
到處新春德談聽　도처신춘덕담청
增大雇傭安社會　증대고용안사회
伸張經濟睦家庭　신장경제목가정
倫堂柳縷爭開眼　윤당류루쟁개안
聖殿梅腮欲吐響　성전매시욕토향
多慶建陽南北續　다경건양남북속
繁榮國家萬年寧　번영국가만년영

신춘 희망

동군에 초목은 빛이 푸른데
신춘 도처에 덕담을 듣더라.
고용증대에 사회가 편하고
경제신장에 가정이 화목하더라.
윤당의 버들가지는 개안에 다투고
성전의 매화는 향기를 토하더라.
건양 다경이 남북으로 이어지면
국가 번영에 만년 동안 편안하더라.

迎 秋

循環節序已迎秋　순환절서이영추
五穀豐登滿野頭　오곡풍등만야두
玉露三更蟲語亂　옥로삼경충어란
金風萬里鴈聲流　금풍만리안성류
黃花朶朶暎深谷　황화타타영심곡
紅葉枝枝飛渚洲　홍엽지지비저주
燈火可親耽讀卷　등화가친탐독권
無情歲月筆難收　무정세월필난수

가을을 맞이함

순환절서 계절은 이미 가을을 맞이하니
오곡등풍이 들머리에 가득하더라.
삼경에 옥로는 벌레 소리가 어지럽고
만리 금풍에는 기러기 소리가 흐르더라.
휘늘어진 누런 꽃은 깊은 골짜기에 비치고
가지가지 붉은 잎은 섬 물가에 날리더라.
등화가친에 책을 읽고 탐하니
무정세월은 붓으로 거두기 어렵다오.

- 玉露 : 맑고 깨끗하게 방울진 이슬
- 三更 : 하룻밤을 다섯으로 나눈 셋째의 시각. 밤 11시부터 새벽 1시까지의 사이.
- 金風 : 가을바람을 빗대어 이르는 말, 오행에서 가을은 금에 해당 한다.
- 朶朶 : 가지가 휘늘어진 모양.

吟新綠

綠陰芳草滿江山　녹음방초만강산
景色晩春映彩間　경색만춘영채간
麥穗漸漸成碧浪　맥수점점성벽랑
柳絲裊裊拂青顏　류사뇨뇨불청안
風前木葉波波動　풍전목엽파파동
雨後虹橋色色斑　우후홍교색색반
四郊風光如此裡　사교풍광여차리
長長夏日忽愁還　장장하일홀수환

새로운 녹음

녹음방초가 강산에 가득하니
만춘 경색이 채색 사이에 비치네.
보리는 점점 푸른 물결을 이루고
버들은 늘어져서 푸른 얼굴이 날리더라.
풍전에 초목은 물결 물결이 움직이고
비온 뒤 무지개 다리는 색이 아롱거리도다.
모든 들에 풍광이 이와 같은 속에
길고 긴 여름이 홀연히 근심으로 돌아오더라.

餞春

東君載駕旅行催　동군재가여행최
明日分明赤帝來　명일분명적제래
愛惜人吟詩一句　애석인음시일구
傷心客飮酒三盃　상심객음주삼배
林鵑啼血落花怨　임견제혈낙화원
園蝶探香芳草徊　원접탐향방초회
九十韶光誰可執　구십소광수가집
方方新綠錦衣裁　방방신록금의재

봄과 이별

동군을 수레에 실어 여행을 재촉하니
명일에 분명 적제가 오더라.
애석한 사람은 시 한수를 읊고
상심에 객은 술을 자주 들더라.
숲속 두견이 우니 낙화를 원망하고
동산의 나비 탐향에 방초를 배회하도다.
구십 소광을 누가 가히 잡으리요
방방의 신록이 비단 옷으로 짓더라.

中陽

重陽三伏忽然經　중양삼복홀연경
五穀登豊百姓寧　오곡등풍백성영
峰上丹楓粧後寺　봉상단풍장후사
籬邊黃菊繞前亭　이변황국요전정
嗈嗈雁陣成奇態　옹옹안진성기태
喞喞蛩聲作妙形　즉즉공성작묘형
佳節年中無限好　가절년중무한호
秋光陶醉興難醒　추광도취흥난성

중양절

중양에 삼복이 홀연히 지나니
오곡등풍에 백성이 편안하더라.
산봉우리의 단풍은 절에 장식하고
울타리의 황국은 정자에 둘리었네.
웅웅 기러기는 기이한 형태를 이루고
즉즉 메뚜기는 묘한 형태를 짓더라.
연중 가절에 무한히 좋으니
추광 도취에 홍을 깨기 어렵더라.

- 嗈嗈 : 기러기의 울음소리.
- 喞喞 : 벌레가 요란하게 우는 소리.

聽 蟬

草木繁陰滿四郊　초목번음만사교
蟬聲處處斷音嘲　선성처처단음조
非絃非管成仙府　비현비관성선부
如笛如篁響樹梢　여적여황향수초
長短東西心自亂　장단동서심자란
高低遠近意相交　고저원근의상교
作詩騷客聞不厭　작시소객문불염
詩會團欒勸酒肴　시회단란권주효

매미 소리

초목번음이 많은 들에 가득하니
곳곳에 매미 소리가 단음으로 노래하네.
현악 관악기도 아니며 선부를 이루고
피리 퉁소도 아니면서 나무 끝에 울리더라.
동서 장단에 마음은 스스로 어지럽고
원근 고저에 뜻이 서로 교환하더라.
작시 소객들은 싫어하지 않으니
시회 단란에 술과 안주를 권하더라.

初冬

小春黑帝入吾東　소춘흑제입오동
物色蕭條感慨同　물색소조감개동
草槁千堤飛雪白　초고천제비설백
楓凋萬壑散花紅　풍조만학산화홍
書燈窓外侵寒氣　서등창외침한기
旅雁天涯伴朔風　여안천애반삭풍
節序循環誰敢防　절서순환수감방
光陰如矢恨無窮　광음여시한무궁

초겨울

소춘절 흑제가 우리나라에 들어오니
쓸쓸한 물색이 느끼는 바가 같더라.
천 언덕의 풀은 백설이 날리고
골짜기의 단풍은 붉은 꽃으로 흩어지더라.
독서하는 등불에는 한기가 침범하고
여행 가는 기러기는 부는 바람과 짝하더라.
절서 순환을 어찌 누가 막으리요
광음이 화살 같아 한이 다함이 없더라.

● 黑帝 : 음양오행설에서 겨울을 맡은 북쪽 신.

初雪

初雪乾坤降雪紛　초설건곤강설분
山河一色路無分　산하일색로무분
霏霏玉屑靑蒙野　비비옥설청몽야
片片銀花白掩雲　편편은화백엄운
農者逍遙無極樂　농자소요무극락
幼兒鑑賞不量欣　유아감상불양흔
千林展畵如仙界　천림전화여선계
徵兆登豊遠近聞　징조등풍원근문

첫 눈

초설이 건곤에 눈이 어지럽게 내리는데
산하에 일색이 도로의 구분이 없더라.
옥실 부슬부슬 내리어 푸른 들을 덮고
가벼운 하얀 눈꽃은 흰 구름에 가리더라.
농자는 소요의 기쁨에 다함이 없으며
유아는 감상의 즐거움을 헤아리지 않더라.
많은 숲이 그림을 펼쳐서 신선 세계와 같으니
등풍 징조를 원근에서 듣더라.

- 霏霏 : 비와 눈이 부슬부슬 오는 모양.
- 玉屑 : 눈가루. 눈.
- 片片 : 가볍게 나는 모양. 눈의 이칭.

秋風

報候秋風起海東　보후추풍기해동
年年送暑古今同　연년송서고금동
歐陽咏賦驚歎際　구양영부경탄제
宋玉成文恨奏中　송옥성문한주중
庭下凉吹含露菊　정하량취함로국
林間冷拂染霜楓　임간랭불염상풍
四郊黍稻登豊促　사교서도등풍촉
造化天翁節序功　조화천옹절서공

가을 바람

추풍의 계절을 해동에서 일어나니
해마다 더위를 보내니 고금과 같더라.
구양순의 영부에 경탄할 즈음에
송옥의 문사가 한을 아뢰는 중이더라.
마당 서늘함이 부니 이슬을 국화가 머금고
숲속은 찬바람이 부니 단풍은 이슬에 물들더라.
모든 들의 기장과 벼가 풍년되어 만족하니
천옹의 조화는 절서의 공이더라.

秋聲

浦項勝區已報秋　포항승구이보추
白雲萬里雁聲流　백운만리안성류
凄凉蟋蟀庭吟上　처량실솔정음상
蕭瑟梧桐井落頭　소슬오동정락두
燈火可親宜對案　등화가친의대안
詩心更發輒登樓　시심갱발접등루
豊年五穀農夫樂　풍년오곡농부락
笑回人人一不愁　소회인인일불수

가을 소리

포항승구에 이미 가을을 알리니
백운 만리에 기러기 소리가 흐르네.
귀뚜라미는 처량하게 마당에서 울고
오동나무는 소슬에 우물가 머리에 떨어지더라.
독서 계절에 마땅히 책상을 대하고
시 생각에 문득 정자에 오르더라.
오곡 풍년에 농부는 즐거우니
웃으며 돌아오는 사람마다 금심이 없더라.

春 景

循環節序又逢春　순환절서우봉춘
造化乾坤萬象新　조화건곤만상신
青柳枝垂成暗幕　청류지수성암막
白梅花發接芳隣　백매화발접방린
鳧鷗泛泛閒相樂　부구범범한상락
蜂蝶紛紛喜自巡　봉접분분희자순
萬紫千紅如此好　만자천홍여차호
騷人玩賞意長伸　소인완상의장신

봄 경치

순환절서가 또 봄을 만나니
건곤조화로 만상이 새롭더라.
푸른 버들은 가지를 드리워 어두운 장막을 이루고
흰 매화는 꽃이 피어 아름다움을 이웃에 접하더라.
물오리는 헤엄치며 한가히 서로 즐기고
벌과 나비는 이리저리 즐거워 스스로 돌더라.
만자천홍은 이와 같이 좋은데
소인들은 구경하며 감상을 오랫동안 펼치리라.

浦項初夏

綠陰芳草眼光佳　녹음방초안광가
浦項山河翠色加　포항산하취색가
籬下紅薔圍畵幅　리하홍장위화폭
庭前青柳展窓紗　정전청류전창사
鶯兒喚友淸音美　앵아환우청음미
燕子含蟲曲藝誇　연자함충곡예과
春盡落花初夏續　춘진낙화초하속
逍遙歸路夕陽斜　소요귀로석양사

포항의 초여름

녹음방초가 눈에 빛이 아름다우니
포항 산하가 취색이 더하더라.
울나리 아래 장미는 화폭에 둘러있고
뜰앞 푸른 버드나무는 창에 천으로 펼쳐지더라.
앵아는 벗을 부르니 청음이 아름답고
연자는 벌레를 먹으며 곡예를 과시하더라.
봄이 다하고 낙화가 초하로 돌아오니
소요하는 귀로에 석양이 비끼더라.

3. 抒情

敬義之學

敬義精神第一人　경의정신제일인
先生行蹟莫非眞　선생행적막비진
經綸卓犖無雙寶　경륜탁락무쌍보
道德隆崇不染塵　도덕융숭불염진
培養門徒扶社稷　배양문도부사직
沈潛墳典濟黎民　침잠분전제려민
浩然養氣千鍾遠　호연양기천종원
憂國丹心似日親　우국단심사일친

의를 배우다

남명 선생 경의정신이 제일인데
선생 행적이 진실하지 아니함이 없더라.
뛰어난 경륜은 무쌍의 보배요
융숭한 도덕은 티끌에 물들지 아니하더라.
문도를 배양하여 사직을 부 잡고.
옛 책을 침잠하여 여민을 구제하더라.
호연양기에 많은 벼슬도 멀리하니
우국단심은 해와 같이 친하더라.

- 卓犖 : 월등하게 뛰어남.
- 沈潛 : 마음을 진정하고 깊이 생각함.
- 墳典 : 고대의 전적[책].

古都文物隆盛

金海靈區景色明　김해령구경색명
豊饒文物大都成　풍요문물대도성
首王懿跡傳千載　수왕의적전천재
南老遺風化萬氓　남노유풍화만맹
崇善殿前塵意遠　숭선전전진의원
婆娑塔下佛心清　파사탑하불심청
遊人探賞常無絶　유인탐상상무절
發展經濟代代營　발전경제대대영

김해 고도의 문화

김해 영구에 경색이 밝으니
문물 풍요가 큰 도시를 이루도다.
수로왕 의적이 천년에 전하니
남명〔조식선생〕 유풍은 만민을 교화하더라
숭선전 앞에는 티끌 뜻을 멀리하고
파사탑 아래에는 불심이 맑더라.
유인 탐상이 항상 끊어지지 아니하니.
경제 발전을 대대로 경영하리라.

國泰民安

五千萬族願團欒　오천만족원단란
盛世太平焉孰闌　성세태평언숙란
崇尙禮儀多傑士　숭상예의다걸사
宣揚學問率高官　선양학문솔고관
北南協力民心定　북남협력민심정
與野相生國政安　여야상생국정안
撤廢鴻溝連統一　철폐홍구연통일
康衢煙月亦無難　강구연월역무난

국태민안

오천 만족이 단란함을 원하는데
태평성세를 어찌 누가 막으리오.
예의를 숭상하면 걸사로 많아지고
학문을 선양하면 고관을 거느리더라.
남북 협력은 민심이 안정되고
여야가 상생하면 국정이 편안하더라.
홍구 철폐에 통일로 이어지니
강구연월이 또한 어려움이 없더라.

糾彈日本獨島妄言

倭賊奸謀發每年　왜적간모발매년
妄言歪曲四方連　망언왜곡사방연
證明獨島輿圖在　증명독도여도재
確實新羅領土全　확실신라영토전
共怒天人聲討席　공로천인성토석
同心南北糾彈筵　동심남북규탄연
萬民反省促求裡　만민반성촉구리
期必雲孫遺産傳　기필운손유산전

일본 독도 망언

왜적의 간사한 꾀가 또 발하는 때에
망언된 왜곡이 사방으로 연결되더라.
독도는 여지도에 있는 것이 증명되고
신라 영토에 온전한 것이 확실하다라.
천인공노가 함성하는 자리요
남북동심이 규탄하는 자리더라.
반성을 깊이 촉구하는 속에
반드시 운손들에게 유산을 전하기를 기약하노라.

綠茶首都寶城

有名貝邑綠茶田　유명패읍녹차전
日飮三盃意豁然　일음삼배의활연
對話情房增瑞氣　대화정방증서기
加工細葉起香煙　가공세엽기향연
東西販賣千金滿　동서판매천금만
上下登臨十里連　상하등임십리연
協力官民成企業　협력관민성기업
願言產物永年傳　원언산물영년전

보성 녹차

패읍〔보성의 옛 이름〕이 녹차 밭으로 유명하니
하루에 세잔을 마시면 뜻이 뚫리도다.
정다운 방에서 대화로 서기가 더하고
작은 잎을 가공하면 향연이 일어나더라.
동서로 판매하면 천금이 가득하고
상하로 등임하니 십리로 이어지더라.
협력 관민이 기업을 이루면
원하노니 녹차의 특산물은 영원히 전하리라.

道德性恢復

道德于今失墜時　도덕우금실추시
人皆恢復最先知　인개회복최선지
父慈子孝家無敗　부자자효가무패
君義臣忠國不危　군의신충국불위
社會融和良俗起　사회융화양속기
家庭敦睦美風思　가정돈목미풍사
漢文敎育傳承裡　한문교육전승리
社會豊饒必有期　사회풍요필유기

인간 도덕 회복

지금처럼 도덕이 추락할 때에
사람들은 모두 회복을 최선으로 알더라.
부자 자효는 가정의 패륜이 없고
군의 신충은 나라의 위험이 없더라.
사회가 융화하면 양속이 일어나고
가정이 돈목하면 미풍을 생각하더라.
한문 교육이 전하고 이어지는 속에
풍요 사회가 반드시 기약함이 있으리라.

讀愛蓮說有感

愛蓮說著宋濂翁　애연설저송염옹
今讀吾儕感歎同　금독오제감탄동
水上常浮孤葉翠　수상상부고엽취
泥中每出獨葩紅　니중매출독파홍
亭亭無倚丈夫像　정정무의장부상
淡淡不夭君子風　담담불요군자풍
天下諸花焉敢比　천하제화언감비
始知萬古讚揚功　시지만고찬양공

애연설 감상

애연설은 송나라 염계 선생이 저술했으니
지금 우리들이 읽으니 감탄이 같더라.
물위에 항상 떠 있어 외로이 잎이 푸르고
진흙 가운데 매일 나와서 홀로 꽃이 붉더라.
정정히 서서 기대지 않으니 장부의 상이요
맑고 맑아서 오염되지 않으니 군자의 풍이더라
천하에 모든 꽃들이 어찌 감히 비 하리오
처음으로 만고에 찬양하는 공을 알더라.

笠

笠者元來欲蔽風　　립자원래욕폐풍
古人着用品名隆　　고인착용품명융
耕耘農老常時備　　경운농노상시비
垂釣都翁每日同　　수조도옹매일동
炎夏遮陽唯有利　　염하차양유유리
新春避雨亦多功　　신춘피우역다공
蘭皐放浪生平伴　　난고방랑생평반
由此家家保管通　　유차가가보관통

삿갓

삿갓은 원래 바람을 가리고자 하니
옛날 사람들이 착용하여 품명을 높이더라.
농자는 김매고 밭일을 항상 준비하고
도시 사람은 낚시를 드리우며 매일 함께 하더라.
더운 여름 태양을 가리는데 오직 유리하고
신춘에 비를 피하니 또한 공이 많더라.
난고 방랑으로 평생에 짝을 하니
이로 말미암아 집집이 보관으로 통하더라.

泛舟義湖淸遊

湖水泛舟詩會筵　호수범주시회연
京鄕詞伯筆才全　경향사백필재전
扣舷棹唱靑山客　구현도창청산객
弄月謳吟白髮仙　농월구음백발선
柳織纖羅枝翠繞　류직섬라지취요
桃裁彩錦蕊紅連　도재채금예홍연
銀波萬頃閑鷗伴　은파만경한구반
佳景淸遊作賦傳　가경청유작부전

제천 의림호 선유

호수〔제천 先史時代 연못〕 배 띄워서 시회하는 자리에
경향 사백들의 필재가 모두 완벽하더라.
배 타고 노래하니 청산은 색이 되고
달을 구경하고 시음으로 백발은 신선이 되더라.
버드나무는 비단을 짜서 푸른 가지에 들리고
복숭아나무는 채색으로 붉은 꽃술로 연결되더라.
만경 은파는 한가한 새와 짝을 이루니
아름답고 좋은 경치에 시를 지어서 전하리라.

三伏雅會于太和樓

三伏炎天火氣流　삼복염천화기류
騷人避暑會高樓　소인피서회고루
墨香錦軸風情好　묵향금축풍정호
海物山肴酒味優　해물산효주미우
乘興相看連嘯咏　승흥상간연소영
團欒圍坐放歌謳　단란위좌방가구
頓忘塵累紛紛事　돈망진누분분사
何奈浮榮分外求　하내부영분외구

흥해 향교 태화루

삼복 더운 하늘에 화기가 흐르는데
소인들의 피서가 높은 다락에 모였더라.
묵향에 시축은 풍정이 좋고
해물 산효에 주흥이 넉넉하더라.
흥을 타고 서로 보고 소영을 연결하니
단란 위좌에 노래를 놓는구나.
티끌에 어지러운 일들은 잊어버리니
어찌하여 부영을 분수밖에 구하리오.

- 錦軸 : 시를 적은 비단 두루마리.
- 山肴 : 산나물.　• 團欒 : 친밀하게 한곳에서 즐김.
- 嘯咏 : 시가를 읊음.
- 歌謳 : 노래를 부름.

歲暮述懷

節序循環歲暮寒　절서순환세모한
春光胎動臘梅看　춘광태동납매간
祭儀鄉校豫端服　제의향교예단복
奉審祠堂惟整冠　봉심사당유정관
出外家兒還故樂　출외가아환고락
歸鄉客子遇親歡　귀향객자우친환
屠蘇酒上心猶快　도소주상심유쾌
爆竹歡呼感想完　폭죽환호감상완

연말연시

순환절서로 연말에는 추운데
봄빛이 움직이니 섣달에 매화를 보더라.
향교 제사에 미리 옷을 단정히 하고
사당의 봉심 생각으로 의관을 바르게 하더라.
출타한 아이는 고향으로 돌아오니 즐겁고
돌아오는 객지 자식은 친히 만나니 즐겁더라.
도소주 한잔 위에 마음은 오히려 상쾌하니
폭죽놀이 환호에 완전하게 감상하더라.

新年希望

新年希望古如今　신년희망고여금
萬事亨通幸福尋　만사형통행복심
經濟伸張謀國事　경제신장모국사
治安秩序察民心　치안질서찰민심
河淸海晏豊饒願　하청해안풍요원
雨順風調大有吟　우순풍조대유음
撤廢鴻溝連統一　철폐홍구연통일
南兄北弟友情深　남형북제우정심

새해 희망

신년 희망이 옛날이나 지금도 같은데
만사형통하며 행복을 찾더라.
경제 신장으로 국사를 도모하고
치안 질서에 민심을 살피리라.
하청해안에 풍요를 원하고
우순풍조에 풍년을 읊더라.
홍구 철폐가 통일로 이어지면
남형 북제에 우정이 깊어지더라.

- 河淸海晏 : 황하의 흙탕물이 맑아지고 바다가 고요함. 즉 태평세월이 오기를 기대함.
- 雨順風調 : 비가 알맞게 내리고 바람이 고르게 분다는 뜻으로 풍년을 기대함.
- 撤廢鴻溝 : 초나라의 황우와 한고조가 약속하여 강을 경계로 삼아 천하를 양분함. 즉 휴전선을 두고 하는 말.

願國泰民安

民安國泰在公明　민안국태재공명
與野相親擊壤聲　여야상친격양성
雨順風調千野潤　우순풍조천야윤
河清海晏九州平　하청해안구주평
綱常固守文風作　강상고수문풍작
道德宣揚禮樂成　도덕선양예악성
槿域江山連統一　근역강산연통일
南兄北弟自收兵　남형북제자수병

나라 태평을 원함

국태민안은 공명에 있는데
여야가 서로 친하니 축하의 소리더라.
우순풍조에 많은 들이 윤택하고
하청해안에 여러 고을이 편안하더라.
강상고수에 문풍을 짓고
도덕 선양에 예의를 이루더라.
근역강산이 통일로 이어지면
남형과 북의 동생이 스스로 군병을 거두리라.

- 雨順風調 : 바람 불고 비 오는 것이 때와 분량(分量)이 알맞음.
- 河清海晏 : 황하의 물이 맑아지고 바다가 잔잔함. 태평한 세상의 조짐.

願年逢大有

風調雨順迓新秋　풍조우순아신추
滿熟稻粱第一休　만숙도량제일휴
千里相傳增吉兆　천리상전증길조
萬家共得解深愁　만가공득해심수
民無饑饉遊人集　민무기근유인집
屋溢豊饒酒客留　옥일풍요주객유
大有年年倉廩溢　대유년년창름일
康衢煙月興難收　강구연월흥난수

해마다 풍년

우순풍조에 새로운 가을 또한 맞이하니
곡식이 태양에 잘 익으니 제일로 아름답더라.
천리에 풍년을 전하니 좋은 일은 더하고
모든 집에서 수확하니 깊은 근심이 사라지더라.
백성들은 굶주림이 없으니 사람들이 모이고
집에는 풍요가 넘치니 술벗들이 모이더라.
해마다 풍년으로 창고에 곡식이 넘치니
강구연월에 흥을 거두기가 어렵더라.

願都農交流促進

擧國融和團合辰　거국융화단합신
都農協助願吾民　도농협조원오민
頻煩接觸如親族　빈번접촉여친족
密着交流若近隣　밀착교류약근린
窮寠山村情尙篤　궁구산촌정상독
豐饒城市俗猶淳　풍요성시속유순
去來物品均衡備　거래물품균형비
賴此家家活力伸　뢰차가가활력신

도시와 농촌 교류

거국에 융화가 단합할 때에
도농 협조를 모든 백성들이 원하더라.
빈번한 접촉이 친한 가족과 같고
밀착한 교류는 가까운 이웃과 같더라.
궁구한 산촌은 정이 항상 돈독하고
풍요한 도시는 풍습이 오히려 순박하더라.
물품 거래가 균형을 갖추면
이에 힘입어 집집마다 활력이 펼쳐지리라.

願道德政教實施

檀君敎化古今眞　단군교화고금진
弘益人間理念淳　홍익인간이념순
閩洛嘉言明道義　민락가언명도의
魯鄒聖訓守彝倫　노추성훈수이륜
排除汚吏行仁博　배제오리행인박
救護貧民布澤均　구호빈민포택균
敬老和隣良俗勸　경로화린양속권
願望國勢太平伸　원망국세태평신

도덕 교육을 원함

단군의 교화는 예나 지금이나 진실인데
홍익인간의 이념은 순박하더라.
주정의 아름다운 말은 도의를 밝히고
공맹의 가르침은 옳은 인륜을 지키더라.
오리를 배제하여 인 행하기를 넓게 하고
빈민을 구호하여 은택을 고르게 하리라.
경로 화인에 양속을 권하면
원하노니 국세가 태평을 펼치더라.

願斯文振作

斯文振作佑皇天　사문진작우황천
聖訓宣揚願世傳　성훈선양원세전
二酉卷儲榮萬代　이유권저영만대
百家道繼赫千年　백가도계혁천년
仁風孔孟吹無極　인풍공맹취무극
正學程朱浩不邊　정학정주호불변
弊習西潮排斥裏　폐습서조배척리
儒林教化後孫賢　유림교화후손현

유교 학문 권장

사문진작을 황천이 도우시니
성훈의 선양이 세상에 전하기를 원하더라.
二酉에 책은 쌓은 것이 만대까지 영화롭고
백가에 도를 이은 것은 천년에 빛나더라.
공맹의 인풍은 불어서 다함이 없고
정주의 바른 학문은 넓어서 끝이 없도다.
서조폐습을 배척하는 속에
유림들의 교화가 후손을 어질게 하리라.

- 斯文振作 : 사문의 떨침. 유교의 학문.
- 二酉 : 호남성에 있는 大酉와 小酉의 산 이름. 동굴 속에서 古書 천여 권의 藏書가 발견됨.
- 百家 : 儒家의 正系 일가의 학자.
- 孔孟 : 孔孟之道. 공자와 맹자가 주장한 仁義의 道德.
- 程朱 : 중국 송대(960~1279) 정호(程顥), 정이(程頤)가 창시하고 주희(朱熹)가 집대성했다.

願時和年豊

節序循環布德時　절서순환포덕시
營農勉勵萬人知　영농면려만인지
同心與野終天道　동심여야종천도
協力官民鞏國基　협력관민공국기
雨順風調年運樂　우순풍조년운락
河淸海晏歲豊宜　하청해안세풍의
高聲擊壤無憂過　고성격양무우과
煙月康衢永遠期　연월강구영원기

풍년을 원함

절서 순환이 덕을 펼칠 때에
영농에 힘쓰는 것을 만인이 알더라.
여야 같은 마음으로 천도를 따르고
관민 협력으로 국권을 공고히 하더라.
우순풍조로 해마다 운이 즐겁고
하청해안은 해마다 풍년이 마땅하도다.
격양가 높은 소리에 근심이 지나고 없으니
강구연월을 영원히 기약하리라.

願倫理道德性恢復

惟願彛倫恢復成　유원이륜회복성
吾儒進路此中明　오유진로차중명
宣揚禮義開新世　선양예의개신세
扶植綱常化善氓　부식강상화선맹
奬孝勸忠風俗順　장효권충풍속순
斥邪衛正道心淸　척사위정도심청
千秋聖訓互遵守　천추성훈호준수
聖代太平家國亨　성대태평가국형

윤리 도덕 회복

오직 이륜이 회복함을 원하는데
우리 선비들의 진로를 이 가운데 밝히더라.
선양 예의가 새로운 세계가 열리고
부식강상은 좋은 백성을 교화하더라.
권충 장효는 풍속이 순하게 하고
위정척사는 도심을 밝히더라.
천추 성훈이 서로가 준수하면
태평성대에 국가가 만사형통하리라.

- 宣揚 : 널리 떨치게 함.
- 扶植 : 사상이나 근본을 굳게 함.
- 綱常 : 사람이 마땅히 지켜야 할 근본 되는 三綱五倫.
- 斥邪 : 요사한 것을 물리침.

願朱鷺高翔

朱鷺高飛感歎新　주로고비감탄신
傾誠務育幾經春　경성무육기경춘
保存國際無雙寶　보존국제무쌍보
指定邦家第一珍　지정방가제일진
生態復元心尙恰　생태복원심상흡
自然放飼意能伸　자연방사의능신
危機滅種聊繁殖　위기멸종료번식
愛唱童謠待吉辰　애창동요대길신

따오기가 높이 날다

주로가 높이 나니 감탄이 새로운데
정성으로 기른 지가 몇 봄이나 지나리오.
국제적으로 보존은 무쌍의 보배요
방가에 지정은 제일의 보배로다.
생태 복원에 마음은 항상 흡족하고
자연 방사의 뜻이 능히 펼치리라.
위기 멸종은 번식으로 다하니
애창 동요는 좋은 때를 기다리더라.

儒道復興

崇儒社會奈何成　승유사회내하성
教誨詩書導後生　교회시서도후생
孔孟綱常惟守護　공맹강상유수호
檀箕禮義更分明　단기예의갱분명
杏壇燦爛奎星彩　행단찬란규성채
槿域紛紜木鐸聲　근역분운목탁성
道德遵行回美俗　도덕준행회미속
興文興國萬民情　흥문흥국만민정

유교 부흥

숭유사회가 어찌하여 이루어지는가
시서를 가르쳐서 후생을 인도하도다.
공맹의 삼강은 오직 지키며 보호하고
단기 예의가 또다시 분명하리라.
행단의 찬란함은 규성에 빛나고
근역의 어지러운 것은 목탁의 소리더라.
도덕 준행은 미속에 돌아오고
글 흥하고 나라 흥함은 만민에 정이더라.

- 檀箕 : 단군(檀君)의 명칭으로 곧 배달의 나라.
- 杏壇 : 공자가 고향 곡부(曲阜)의 야외에서[살구나무] 제자들을 가르쳤던 곳을 행단(杏壇)이라고 함.
- 槿域 : 무궁화(無窮花)가 많은 땅이라는 뜻 우리나라를 달리 이르는 말. 근화향(槿花鄕).
- 紛紜 : 매우 어지러운 모양.
- 木鐸 : 하늘이 장차 공자로 하여금 목탁을 삼을 것이다[天下之無道也久矣 天將以夫子爲木鐸]. 論語 句.

惟願邦寧

惟願邦寧擊壤遊　유원방영격양유
相爭兄弟怨聲流　상쟁형제원성류
河淸海晏成全域　하청해안성전역
雨順風調致六洲　우순풍조치육주
每效堯謨消萬患　매효요모소만환
恒從禹訓解多愁　항종우훈해다수
葛藤北核存中美　갈등북핵존중미
世界平和偉業收　세계평화위업수

나라 안정을 원함

나라가 편함을 원하여 노래하며 노는데
형제가 서로 싸워서 원성이 흐르더라.
하청 해안은 전 지역에 이루고
우순풍조는 육주에 보내더라.
매번 요임금을 본받아서 많은 근심을 해소하고
항상 순임금을 따라 많은 근심을 해소하리라.
북핵 갈등은 미국 중국에 있으니
세계 평화의 위업을 거두리라.

立愛惟親

愛人先自愛其親　애인선자애기친
敬老精神賴此新　경노정신뢰차신
實踐禮儀從聖訓　실천예의종성훈
履行孝悌保天眞　이행효제보천진
矯風正俗當成範　교풍정속당성범
修道明倫不染塵　수도명륜불염진
爲子爲臣誠晝夜　위자위신성주야
邦家四海導民仁　방가사해도민인

어버이를 사랑함

남을 사랑하고 또 그 어버이를 사랑하면
경로 정신이 이에 힘입어 새로워지리라.
예의를 실천함에 성인의 가르침을 따르고
효제를 이행함에 하늘의 참됨을 지키더라.
교풍 정속은 마땅히 모범을 이루고
수도 명륜은 티끌에 물들지 않더라.
자식이 되고 신하가 되어 주야로 살피면
방가 사해에 어진 백성을 인도하리라.

自强不息

開天檀祖德連長　개천단조덕연장
不息自强存必光　불식자강존필광
外貨增收千歲盛　외화증수천세성
內資備蓄萬年昌　내자비축만년창
嶺湖協力乾坤喜　영호협력건곤희
南北相親歲月忙　남북상친세월망
安保國家團結裡　안보국가단결리
難關克服太平揚　난관극복태평양

자강불식

단군이 하늘을 열어 덕이 오래 이어지면
자강불식이 반드시 빛이 있으리라.
외화 증수에 천세토록 성하고
내자 비축에 만년 동안 번창하리라.
영호 협력에 건곤이 기쁘고
남북 상친에 세월이 바쁘더라.
국가안보 단결하는 속에
난관극복에 태평이 날리도다.

制憲60周年回顧

制憲生辰始好祥　제헌생신시호상
治平歡喜自和光　치평환희자화광
獨裁倭寇更除去　독재왜구갱제거
回復韓邦能布揚　회복한방능포양
六法遵行民有樂　육법준행민유락
三權分立國存昌　삼권분립국존창
改新贊反論原則　개신찬반논원칙
往史先賢敢不忘　왕사선현감불망

헌법 제정 60년

제헌 생신에 처음으로 상서로움이 좋으니
평화로 다스려 서로 화합하여 빛나더라.
일본 독재시대를 다시 제거하고
우리나라 회복에 능히 펴고 날리더라.
모든 법을 지키니 백성들은 즐거움이 있고
삼권을 분립하여 나라가 번창함이 있더라.
찬반 개신으로 원칙을 논하니
왕사의 선현들을 감히 잊지 못하더라.

紙

楮皮本有靭柔情　저피본유인유정

紙質加工白且輕　지질가공백차경

能造精粗兼厚薄　능조정조겸후박

可裁長短又縱橫　가재장단우종횡

古今貨幣功尤大　고금화폐공우대

現代文房價益生　현대문방가익생

筆墨硯逢爲四友　필묵연봉위사우

保存名物續繁榮　보존명물속번영

종이

닥나무 가죽은 원래 질기고 부드러운 정이 있는데
종이 질을 가공하여 희고 또 가볍게 만들도다.
능히 정밀하고 겸하여 두껍고 얇게 만들고
가히 장단과 또 종횡을 재단하더라.
고금 화폐의 공이 더욱 크고
현대 문방의 값이 더욱 생기더라.
필묵과 벼루가 만나서 사우가 되니
보전 명물이 번영으로 이어지더라.

七夕吟

庭梧一葉報新秋　정오일엽보신추
耿耿星河見火流　경경성하견화류
織女來開烏鵲樹　직여래개오작수
牽牛逢設鳳凰樓　견우봉설봉황루
銀河燦爛心尤樂　은하찬란심우락
玉露玲瓏意快遊　옥로영롱의쾌유
歲月長長多說話　세월장장다설화
情談惜別萬人愁　정담석별만인수

칠 석

마당에 오동잎이 떨어져 가을을 알리니
불빛 은하수에 불이 흐르는 것을 보더라.
직녀가 오니 오작수를 열고
견우를 만나니 봉황루를 설치하더라.
은하가 찬란하니 마음은 더욱 즐겁고
옥로가 영롱하니 뜻은 상쾌하게 놀더라.
세월이 오래 되어도 설화가 많으니
석별의 정담은 만인에 근심이더라.

• 織女 : 중국 신화 · 고사 속 인물고사의 여주인공. 중국 신화에서 천제의 딸, 혹은 손녀, 외손녀라고 전해오는 그녀는 직녀성의 여신으로, 별명은 칠성낭랑(七星娘娘), 칠성낭(七星娘), 칠서마이다.
• 牽牛 : 견우와 직녀는 은하수를 사이에 두고 헤어져 있다가 일 년에 한 번 칠월칠석에 까마귀와 까치들의 도움을 받아 상봉했다가 다시 헤어진다.

歎空氣汚染

本是澄淸槿域天　본시징청근역천
近來混濁滿煤煙　근래혼탁만매연
工場火焰東西續　공장화염동서속
車輛粉塵上下連　차량분진상하연
對備邦家何有害　대비방가하유해
運營國政豈無愆　운영국정기무건
萬民監視守環境　만민감시수환경
惠澤自然千歲全　혜택자연천세전

공기 오염

본시 우리나라 하늘은 맑고 맑은데
근래 혼탁하여 매연으로 가득 차더라.
공장의 화염은 동서로 이어지고
차량의 분진은 상하로 이어지더라.
방가에 대비하면 어찌 해로운 것이 있으며
국정 운영에 어찌 허물이 없겠는가.
만민이 감시하여 환경에 있으니
자연의 혜택을 영원토록 보전하리라.

必也正名乎

昏迷政局不安時　혼미정국불안시
名實相符實踐宜　명실상부실천의
言順事成爲世範　언순사성위세범
禮興刑正鞏邦基　예흥형정공방기
君君子子忠情在　군군자자충정재
父父臣臣道理知　부부신신도리지
聖訓遵行常未怠　성훈준행상미태
願言槿域太平期　원언근역태평기

명분을 바르게

전국이 혼미하여 불안할 때
명실상부 실천이 마땅하도다.
말은 순하게 일을 이루어 세상의 모범이 되고
예와 형벌은 나라의 기틀을 세우더라.
군군과 자자와 같이 충정에 있고
부부와 신신 같이 도리를 알너라.
성훈을 준행하여 항상 게으르지 않으면
원하건대 근역에 태평을 기약하리라.

• 君君臣臣 父父子子 : 군주는 군주 노릇하고, 신하는 신하 노릇하며, 아버지는 아버지 노릇하고, 자식은 자식 노릇하라는 뜻. 『論語』「顔淵篇」.

孝爲百行之源

百行之源孝道眞　　백행지원효도진
至誠奉養感尤新　　지성봉양감우신
都公騎虎焉非禮　　도공기호언비례
孫氏埋兒豈不倫　　손씨매아기불륜
冬夏溫涼恒愛日　　동하온량항애일
晨昏定省每思親　　신혼정성매사친
幼烏反哺報恩惠　　유오반포보은혜
父母育情千年伸　　부모육정천년신

효의 근원

인간은 백행의 효도가 진실인데
봉양하는 지성이 감회가 더욱 새롭더라.
도공이 호랑이를 타고 감을 구한 것은 어찌 예가 아니며
손씨 아이 무덤은 어찌하여 윤리에 벗어나리오.
겨울과 여름에는 따뜻함과 서늘한 날을 항상 사랑하고
새벽과 어둠을 바로 살펴서 매양 부모를 편하게 하리라.
어린 까마귀도 반포하여 은혜를 갚거늘
부모의 기른 정을 천년에 펼치리라.

- 都公 : 조선 철종 때 사람. 효행으로 유명.
- 孫氏 : 신라 42대 때 신라 삼기의 하나인 석종을 얻은 효자.
- 反哺 : 까마귀 새끼가 자라 늙은 어미에게 먹이를 물어다 준다는 말로 자식이 자라서 늙은 부모를 지극 정성으로 봉양한다는 뜻이다.

孝義宣揚

母血父精生我身　모혈부정생아신
劬勞感切責任新　구로감절책임신
尊崇道德人心正　준숭도덕인심정
扶植綱常世敎眞　부식강상세교진
盡命獻忠堅國紀　진명헌충견국기
殫誠竭力重天倫　탄성갈력중천륜
宣揚孝義焉踈忽　선양효의언소홀
只願家庭社會親　지원가정사회친

효의를 찬양

모혈과 부정이 나의 몸을 나셨으니
구로 감절하여 책임이 새롭더라.
도덕을 준숭하니 인심이 바르고
강상 부식에 세상 가르침이 진실이더라.
명을 다한 헌충은 국기를 굳건히 하고
정성을 다한 갈력은 천륜이 중하더라.
효의 선양이 어찌 소홀할 것인가
다만 가정과 사회가 친하기를 원하더라.

4. 追慕

老圃堂柳詢先生追慕

往昔先生出仕時　왕석선생출사시
芳名懿績偉功垂　방명의적위공수
文章卓越高官進　문장탁월고관진
學德隆崇廣職持　학덕융숭광직지
輔主殫忠扶社稷　보주탄충부사직
牧民善政建邦基　목민선정건방기
編修實錄傳靑史　편수실록전청사
槿域儒林仰慕宜　근역유림앙모의

노포당 유순 선생

왕석 노포당 선생께서 벼슬에 나가실 적에
방명 의적으로 위공이 크도다.
문장은 탁월하여 높은 벼슬을 떨치고
학덕은 융숭하여 많은 직책을 가지셨도다.
임금을 도와 충을 다하여 사직을 잡았고.
목민 선정에 나라의 터전을 세우더라.
실록을 편찬하여서 청사에 오르니
근역의 유림들이 앙모함이 마땅하도다.

白江李敬輿先生追慕

先生挺出是吾東　선생정출시오동
學問淵深孰敢同　학문연심숙감동
治國良謀傳史上　치국양모전사상
爲民善政記碑中　위민선정기비중
讀書賜暇無雙樂　독서사가무쌍락
實錄纂修第一功　실록찬수제일공
扈駕公州南漢日　호가공주남한일
忠心篤厚廣天通　충심독후광천통

백강 이경여 선생

백강선생〔李敬輿〕 우리나라에서 태어나시니
학문의 깊고 깊은 것은 누구와 같겠느냐.
나라를 다스리는 좋은 일은 국민에게 전하고
국민을 위하는 선정은 비 속에 기록 되었도다.〔청주선정비〕
사가독서는 무쌍으로 즐겁고
실록찬수는 제일에 공이더라.
충남 공주와 남한산성으로 호종하는 날에
충심 독후가 넓은 하늘에 통하더라.

• 賜暇讀書 : 조선시대, 유능한 젊은 문신들을 뽑아 휴가를 주어 독서당에서 공부하게 하던 일.
• 扈駕 : 병자호란이 일어나자, 선조를 모시고 두 번이나 공주와 남한산성으로 扈駕[피신]함.

悲嘆歲月號參事

海中事故國家渾　해중사고국가혼
不感安全鬱火煩　불감안전울화번
船長逃亡消義節　선장도망소의절
黎民悲痛慰靈魂　여민비통위령혼
全羅內陸靑山悼　전라내륙청산도
珍島前洋白浪掀　진도전양백랑흔
三百餘名追慕裡　삼백여명추모리
喪心父母永年昏　상심부모영년혼

세월호 사고

바다 가운데 사고로 국가가 혼란하니
안전 불감에 울화가 치밀더라.
선장 도망으로 절의가 사라지고
여민 비통으로 혼령을 위로하더라.
전라 내륙에 청산도 슬프고
진도 앞바다에 흰 물결이 심하도다.
삼백여 명을 추모하는 속에
상심부모는 영원히 어둡더라.

2014년 4월 16일 인천에서 제주로 향하던 여객선 세월호가 진도 인근 해상에서 침몰하면서 승객 300여 명이 사망, 실종된 대형 참사. 2014년 4월 15일 인천 연안여객터미널을 출발, 제주로 향하던 여객선 세월호(청해진해운 소속)가 4월 16일 전남 진도군 병풍도 앞 인근 해상에서 침몰해 수백 명의 사망·실종자가 발생한 대형 참사다. 이 사고로 탑승객 476명 가운데 172명 만이 생존했고, 300여 명이 넘는 사망·실종자가 발생했다. 특히 세월호에는 제주도로 수학여행을 떠난 안산 단원고 2학년 학생 324명이 탑승, 어린 학생들의 피해가 컸다.

三峯鄭道傳先生偉績宣揚

往昔先生智略明　왕석선생지략명
朝鮮開國盡精誠　조선개국진정성
崇儒斥佛豐功赫　숭유척불풍공혁
濟世安民偉績成　재세안민위적성
革命圖謀承壯志　혁명도모승장지
遷都實現振忠情　천도실현진충정
許多著述垂青史　허다저술수청사
詩會宣揚萬士迎　시회선양만사영

정도전 선생 위적 찬양

옛날 정도전 선생은 지략이 밝은데
조선의 개국을 정성으로 다하더라.
유학을 높이고 불교를 배척하여 풍공을 빛내고
세상을 구제하고 백성을 편안히 위적을 이루더라.
혁명〔이성계〕 도모에 장지를 이루고
천도〔개성에서 한양〕 실현에 충정을 떨치더라.
수많은 책 저술로 역사에 드리우니
시회하는 선양에 많은 선비를 맞이하더라.

崇慕世宗大王

巍巍聖德士林緣　외외성덕사림연
治績輝煌日月邊　치적휘황일월변
測器發明科學慶　측기발명과학경
正音創製雅風虔　정음창제아풍건
興文教化民權闊　홍문교화민권활
賦稅公平國策連　부세공평국책연
培養英才登適位　배양영재등적위
大王經世筆難宣　대왕경세필난선

세종대왕

높고 높은 세종대왕은 사림과 인연이 되니
치적이 일월 변에 휘황하도다.
측우기의 발명은 과학의 경사요
훈민 창제는 풍속의 정성이라.
글을 흥하고 교화하여 민권을 넓혔고
부세를 공평히 하여 국책으로 이어졌도다.
영재를 배양하여 높은 자리에 등용시키니
대왕의 경세를 글로 다 쓰기 어렵도다.

仰慕君臣奉祭莊陵

每遇莊陵奉祭年　매우장릉봉제년
君臣仰慕感悽然　군신앙모감처연
捐身壯魄應臨席　연신장백응임석
失位精魂必降天　실위정혼필강천
讀祝焚香丁閣下　독축분향정각하
鞠躬獻爵配壇前　국궁헌작배단전
悲哀往史誰無歎　비애왕사수무탄
拜謁儒林虔久連　배알유림건구연

장릉 군신 제사

매번 장릉의 봉제하는 해를 만나니
군신 앙모에 처절함을 느끼더라.
몸을 버린〔신하〕 장백은 응당 자리에 임하고
신분을 잃은〔단종〕 정혼은 반듯이 하늘에서 내려오더라.
독축은 정자각 아래서 분양하고
국궁은 배단전 앞에서 헌작하더라.
왕사 비애를 누가 탄식함이 없으리요
배알하는 유림들의 공경이 오래 이어지더라.

追慕關西夫子芝山先生

關西夫子海東生　관서부자해동생
早事文純德性淸　조사문순덕성청
撫育菁莪垂偉業　무육청아수위업
琢磨墳典振高名　탁마분전진고명
斥倭倡義千秋鑑　척왜창의천추감
輔國殫忠萬古情　보국탄충만고정
道學隆崇誰不仰　도학융숭수불앙
後人俎豆慕何輕　후인조두모하경

관서 부자 지산 선생

관서 부자〔조호익 선생〕가 우리나라에 태어나시니
일찍 문순공〔퇴계 선생〕 섬기어 덕성이 맑더라.
무육 청아에 위업을 드리우고
탁마 분전에 고명을 떨치더라.
척왜 창의는 천추의 거울이요
보국 탄충은 만고의 정이더라.
도학 융숭을 누가 우러러 보지 않으리요
후인 조두에 사모하는 것이 어찌 가벼우리오.

- 撫育 : 학동들을 어루만지고 보살펴 기른다.
- 菁莪 : 무성한 쑥과 같이 많은 인재를 교육함.
- 琢磨 : 학문이나 덕행 따위를 닦음을 비유하는 말.
- 墳典 : 삼분[三墳]과 오전[五典]을 모우고 또한 수많은 인재들을 모우다. 즉 古代의 經書.

追慕龜巖李楨先生

龜巖巨擘自天生　구암거벽자천생
才智無雙日月明　재지무쌍일월명
保國精忠承世業　보국정충승세업
牧民善政繼家聲　목민선정계가성
鴻門宴賦千秋赫　홍문연부천추혁
山海關吟萬古清　산해관음만고청
再現科場爭白戰　재현과장쟁백전
後人追慕永年亨　후인추모영년형

구암 이정 선생

구암 거벽은 하늘로부터 태어나시니
둘도 없는 재주와 지혜는 일월까지 밝더라.
보국 정충은 세업을 이으시고
목민 선정은 가성을 이루도다.
홍문영부는 천추에 빛나고
산해관음은 만고에 맑더라.
과거 재현에 문장으로 다투니
후인 추모에 영원히 형통하리라.

이정 선생(李楨先生, 1512~1571) : 호는 구암, 성은 사천 이(李)씨이며, 자는 강이(剛而). 지금의 사천읍 구암리에서 출생하여 관직에 나가서는 훌륭한 목민관으로, 관직생활 후에는 고향땅에 구암정사를 짓고, 경주 부윤 때 서악서원 창건, 조선 중기 남인의 대표적 학자.

- 鴻門宴圖賦 : 12세에 하과에서 장원급제함.
- 山海關 : 구암이 명나라 서장관으로 있을 시 산해관을 보고 읊은 시.

追慕南坡張先生誕辰四百週年

懿蹟先生日似光　　의적선생일사광
星霜四百慕思當　　성상사백모사당
隆崇學德垂鴻業　　융숭학덕수홍업
卓犖詩文振大祥　　탁락시문진대상
訓戒晩翁如正柱　　훈계만옹여정주
事師旅老似高樑　　사사여로사고량
世臣喬木士林仰　　세신교목사림앙
後裔遵行千代芳　　후예준행천대방

남파 장선생 탄신 400주년

先生〔號 南坡, 字 聖源〕 의적이 해와 같이 빛나니
사백년 세월의 추사가 마땅하도다.
융숭한 학덕은 홍업에 드리우고
탁락한 시문은 상서로움에 떨치더라.
만옹〔晩悔堂 張慶遇〕 父의 훈계는 바른 기둥 같고
여노〔旅軒 張顯光〕사사에 높은 대들보 같더라,
교목세신을 사림들이 우러러 보니
후손들이 준행하면 천대까지 꽃다우리라.

- 巨擘 : 학문 분야에 능력이 남달리 뛰어난 사람.
- 星霜 : 여러 해의 기간. 세월.
- 世臣喬木 : 집안 대대로 높은 벼슬을 하여 나라와 운명을 같이하는 신하.

追慕東方理學之祖

先生嶽降魯鄒鄉　선생악강로추향
理學東方嚆矢陽　이학동방효시양
賢聖相思修道德　현성상사수도덕
孝忠兼盡守倫綱　효충겸진수륜강
高明境地無能測　고명경지무능측
雄大經綸不可量　웅대경륜불가량
冶隱江湖承繼後　야은강호승계후
至於退栗永年長　지어퇴율영년장

동방 성리학

포은 선생은 추로지향에서 태어나셨는데
동방이학은 효시〔맨 처음〕를 날리더라.
어진 성인을 생각하여 도의를 가다듬고
효와 충을 겸하여서 윤강을 지키더라.
고명의 경지는 능히 헤아림이 없고
웅대한 경륜은 가히 헤아림이 없더라.
야은과 강호 선생을 승계하는 속에.
퇴계와 율곡에 이르러서 오랫동안 길러지더라.

정몽주 : 자 달가(達可), 호 포은, 초명 몽란 · 몽룡, 시호 문충, 영천에서 태어났다. 1357년(공민왕 6) 감시에 합격하고 1360년 문과에 장원, 예문검열수찬 위위시승을 지냈으며, 1363년 동북면 도지휘사 한방신의 종사관으로 여진족 토벌에 참가하고 1364년 전보도감판관이 되었다.
이어 전농시승예조정랑 겸 성균박사 성균사예를 지냈고, 1371년 태상소경보문각응교 겸 성균직강 등을 거쳐 성균대사성에 올랐으며, 이듬해 정사 홍사범의 서장관으로 명나라에 다녀왔다. 1376년(우왕 2) 성균 대사성으로 이인임 등이 주장하는 배명 친원의 외교방침을 반대하다 언양에 유배, 이듬해 풀려나와 사신으로 일본 규슈의 장관에게 왜구의 단속을 청하여 응낙을 얻고 잡혀간 고려인 수백 명을 귀국시켰다.

追慕蘿菴大司成李文興先生

蘿老生平學德明　라노생평학덕명
多年連任大司成　다년연임대사성
宣陵政輔尤敦本　선릉정보우돈본
泗水源承亦育英　사수원승역육영
著述文章輝業績　저술문장휘업적
編刊實錄振名聲　편간실록진명성
遺言誡九千秋訓　유언계구천추훈
華閥仍孫必有榮　화벌잉손필유영

라암 대사성 이문흥 선생

라암 이문홍 선생의 학덕이 밝은데
오랜 세월 동안 대사성에 연임을 했더라.
선릉의 정치를 도와 더욱 근본을 돈독히 하고
사수의 근원을 이어서 또한 육영을 기르더라.
문장을 저술하니 업적이 빛나고
실록을 편간하니 명성을 떨치더라.
유언으로 경계하는 구언을 천추에 새기니
화벌〔좋은 문중〕에 잉손까지 반드시 영화가 있으리라.

● 宣陵 : 成宗의 陵號.

追慕晩悔堂張先生

晩堂槿域遣先生　만당근역견선생
門下張翁巨擘成　문하장옹거벽성
教育英才修正性　교육영재수정성
沈潛聖學導仁程　침잠성학도인정
事親竭力心謀篤　사친갈력심모독
奉傳傾誠志業明　봉부경성지업명
感歎一門連倡義　감탄일문연창의
名賢仰慕世人情　명현앙모세인정

만회당 장선생

우리나라에 만회당 선생을 보내시니
여헌 선생이 문하의 거벽이 이루었도다.
영재를 교육하여 바른 성품을 닦고
성학을 침잠하여 어진 길을 인도하더라.
어버이 받들기를 힘을 다하여 마음은 진실하고
스승 받들기를 정성을 기울여 지업을 밝게 하도다.
감탄하는 한 집안에 창의로 연결하니
명현을 앙모함에 세상 사람들의 정이로다.

• 巨擘 : 학식(學識)이나 어떤 전문(專門) 부분(部分)에서 남달리 뛰어난 사람.
• 沈潛 : 마음을 차분히 가라앉혀서 깊이 사색하거나 자신의 세계에 깊이 몰입함.
• 倡義 : 나라가 위급할 때 의병을 일으키는 일.

追慕梅軒尹奉吉義士義擧八十週年

邦家獨立最于先　방가독립최우선
嶽降梅軒槿域天　악강매헌근역천
爆彈投倭仁守鬪　포탄투왜인수투
殺身輔國義成全　살신보국의성전
貞忠赫赫無雙士　정충혁혁무쌍사
大節堂堂第一賢　대절당당제일현
八十週年追慕仰　팔십주년추모앙
芳名必是世人傳　방명필시세인전

윤봉길 의사 80주년

우리나라의 독립이 최우선인데
윤봉길 의사는 근역 하늘에서 태어 나셨도다.
포탄을 왜놈에게 던지며 인을 지키며 싸우고
몸은 죽어서 나라를 위하니 의는 온전히 이르더라.
정충은 빛나서 무쌍의 선비요
대절은 당당하여 제일로 어질너라.
팔십 주년을 추모하며 우러러보니
방명은 필시 세상 사람에게 전하리라.

追慕文臣乖崖金守溫先生

乖翁偉業闡吾東　괴옹위업천오동
天賦才能孰有同　천부재능숙유동
文比韓蘇稱頌裡　문비한소칭송리
詩如李杜讚揚中　시여이두찬양중
金剛佛譯興良俗　금강불역흥양속
醫術編成起禮風　의술편성기예풍
懿蹟芳名誰不仰　의적방명수불앙
羹墻俎豆永年充　갱장조두영년충

문신 괴애 김수온 선생

괴애〔金守溫〕 위업이 우리나라를 밝히었으니
천부재능은 누가 있어 같으리오.
문은 한유 소동파와 비하여 칭송하는 속에
시는 이백 두보와 같이 찬양 중이더라.
금강경 해석으로 양속을 흥하게 하고
의술을 편성하여 예풍을 일으키더라.
의적 방명을 누가 우러러 보지 않으리요
갱장 조두를 오랫동안 사당에 채우리라.

追慕眉叟許先生

挺出先生稟性眞　정출선생품성진
篆書絶妙字形均　전서절묘자형균
文章卓犖才超衆　문장탁락재초중
道德隆崇學絶倫　도덕융숭학절윤
善政施行明日月　선정시행명일월
英才教育燦星辰　영재교육찬성신
鄭公李子儒風繼　정공이자유풍계
俎豆千秋敬慕伸　조두천추경모신

허미수 선생

미수 선생이 뛰어난 품성이 진실인데
전서 글씨는 절묘하여 자형이 고루더라.
문장 탁락은 재주가 출중하고
도덕은 융숭하고 학문이 뛰어났도다.
선정 시행은 일월 같이 빛나고
영재 교육은 별처럼 찬란하더라.
한강과 퇴계 선생의 유풍을 이으니
천추 조두에 경모를 펼치도다.

1615년(광해군 7) 정언눌에게 글을 배우고, 1617년 거창현감으로 부임한 아버지를 따라가서 문위를 사사하였다. 또한 그의 소개로 정구를 찾아가 스승으로 섬겼다. 1624년(인조 2) 광주의 우천에 살면서 자봉산에 들어가 독서와 글씨에 전념해 그의 독특한 전서를 완성하였다.

追慕朴烈義士

朴老曾生鳥嶺東　박노증생조령동
抗倭鬪志有誰同　항왜투지유수동
死刑凜凜成衷節　사형늠름성충절
囚獄堂堂振義風　수옥당당진의풍
吾國願安殫努力　오국원안탄노력
天王欲殺盡精忠　천왕욕살진정충
勳章追敍垂靑史　훈장추서수청사
獨立情神似日紅　독립정신사일홍

박열 의사

박열 의사가 일찍이 조령 동쪽에 태어나니
항왜 투쟁은 누가 있어 같으리오.
사형은 늠름하여 충절을 이루고
수옥〔감옥〕은 당당하여 의풍에 떨치더라.
우리나라의 평안을 원하고자 노력을 다하고
천왕을 살인하고자 정충을 다 했더라.
훈장 추서가 청사에 드리우니
독립정신이 해와 같이 붉더라.

박열(朴烈, 1902. 2. 3 - 1974. 1. 17) 선생은 일제 강점기 동안 항일투쟁을 전개한 독립운동가 중 매우 독특한 위치를 차지하는 인물이다. 18세의 나이로 일본 동경으로 건너가 흑도회, 흑우회 등 항일 사상단체를 이끌어온 그는 1923년 9월 관동대지진 당시 조선인학살의 와중에 일본국왕을 폭살하려 했다는 혐의로 구속되었다. 이른바 '대역사건'으로 인해 그는 1945년 10월 27일 아키다(秋田)감옥에서 석방될 때까지 22년 2개월이라는 긴 시간의 옥살이를 치러야 했다.

追慕朴正熙大統領

天降英雄闡我東　천강영웅천아동
經綸卓越泰山崇　경륜탁월태산숭
農工發展成鴻業　농공발전성홍업
經濟伸張樹偉功　경제신장수위공
民族中興施善政　민족중흥시선정
國家再建起良風　국가재건기양풍
新村運動垂青史　신촌운동수청사
逝去凶丸痛歎充　서거흉환통탄충

박정희 대통령을 생각함

하늘이 영웅을 내려 우리나라에 우뚝 솟으니
탁월한 경륜이 태산같이 숭상하도다.
영농 발전에 홍업을 이루고
경제 신장에 위공을 심었도다.
민족중흥의 선정을 베풀었고
국가 재건의 양풍을 이루도다.
새마을 운동은 청사에 드리우니
흉탄 서거에 통탄함이 가득하더라.

追慕沙溪金長生先生

卓節沙翁燦太陽　탁절사옹찬태양
菁莪竭力古今芳　청아갈력고금방
文章振世千秋赫　문장진세천추혁
禮學揚名萬古光　예학양명만고광
錦水祥風吹院宇　금수상풍취원우
鷄山朗月照齋塘　계산랑월조재당
開來繼往誰能及　개래계왕수능급
百代宗師仰慕長　백대종사앙모장

사계 김장생 선생

사계 선생 탁절이 태양처럼 찬란한데
영제를 가르치니 고금에 아름답더라.
문장은 세상에 떨쳐서 천추에 빛나고
예학은 이름이 높아 만고에 빛나더라.
금강의 좋은 바람은 서원에 불고
계룡산 밝은 달은 재당에 비치더라.
개래계왕 누가 능히 미치리요
백대 종사에 앙모함이 길어지더라.

창건 이전 연산면에는 김장생의 아버지인 계휘(繼輝)가 설립한 경회당(慶會堂)이 있어 문풍(文風)이 크게 진작되었고, 김장생은 양성당(養性堂)을 세워 학문 연구와 후진 양성에 힘을 기울였다. 이에 1634년 양성당과 경회당을 중심으로 서원이 건립하게 되었고, 1660년(현종 1)에 '돈암(遯巖)'이라고 사액되어 사액서원(賜額書院)으로 승격하였다.

- 卓節 : 더할 나위 없이 높은 지조와 절개.
- 菁莪 : 인재를 육성함. 시경(詩經) 소아(小雅)의 청청자아장(菁菁者莪章)에서 유래.
- 돈암서원 : 사적 제383호이며, 1634년(인조 12)에 지방 유림의 공의로 김장생(金長生)의 학문과 덕행을 추모하기 위해 창건하여 위패를 모셨다.

追慕三淵金昌翕學德

三淵學德日如明　삼연학덕일여명
陪從高師巨擘成　배종고사거벽성
編纂詩書恒竭力　편찬시서항갈력
研磨性理每傾誠　연마성리매경성
不爭富貴思儒教　불쟁부귀사유교
無極林泉續友情　무극림천속우정
喬木世臣連代代　교목세신연대대
浩然之氣晩年榮　호연지기만년영

삼연 김창흡 선생 학덕

삼연〔김창흡〕의 학덕이 해와 같이 밝으니
높은 스승을 배종하여서 거벽을 이루었네.
시서 편찬에 매번 뜻을 기울이고
성리 연마에 항상 정성을 다 하더라.
부귀를 다투지 않고 유교를 생각하고
임천에 다함이 없이 우정으로 이어지더라.
교목세신〔국가에 녹봉〕을 대대로 이으니
호연지기가 만년까지 영화롭더라.

김창흡 : 본관 안동, 자 자익, 호 삼연, 시호 문강, 서울 출생, 영의정 수항의 셋째아들. 이단상에게 수학하고 1673년(현종 14) 진사가 되었으며, 1684년 장악원 주부에 임명되었으나 취임하지 않았다. 1689년(숙종 15) 기사환국 때 아버지가 진도의 배소에서 사사되자 형 창집, 창협과 함께 영평에 은거하였다. 1721년(경종 1) 다음해 세제시강원진선에 임명되었으나 모두 사양하였다. 성리학에 뛰어나 형 창협과 함께 이이 이후의 대학자로 이름을 떨쳤다. 신임사화로 유배된 형 창집이 사사되자 지병이 악화되어 그 해에 죽었다. 이조판서에 추증되었으며, 숙종의 묘정에 배향되고, 양주의 석실서원, 울진의 신계사, 강릉의 호해정영당 등에 제향 되었다.

追慕西厓柳成龍先生

先生挺出救吾東　선생정출구오동
蘊蓄經綸孰有同　온축경륜숙유동
古洞河回垂偉蹟　고동하회수위적
舊邦槿域振遺風　구방근역진유풍
斥倭壯略千秋業　척왜장략천추업
扈聖精忠萬代功　호성정충만대공
懲毖文章登國寶　징비문장등국보
羹牆後學永無窮　갱장후학영무궁

서애 유성룡 선생

선생이 우리나라 구하기에 태어나시니
오랜 경륜이 누가 있어 같으리오.
하회 옛 마을에 위적을 드리우고
근역 옛 나라에 유풍이 떨치더라.
척왜장략은 천추에 업이요
호성 정충은 만대의 공이더라.
징비록 문장이 국보에 오르니
후학 갱장에 영원히 다함이 없더라.

서애(西厓) 유성룡(柳成龍, 1542~1607)은 1542년(중종 37) 10월에 의성현 사촌 마을의 외가에서 아버지 유중영(柳仲郢, 1515~1573))과 어머니 안동 김씨 사이에서 둘째 아들로 태어났다. 1558년 17세 때 세종대왕의 아들 광평대군의 5세손 이경의 딸과 혼인했다. 형은 유운룡(1539-1601)이다. 부친인 유중영은 1540년에 문과에 급제한 후 의주목사 · 황해도관찰사 · 예조참의를 두루 거친 강직한 관료였다. 유성룡은 어린 시절 조부와 부친으로부터 가학(家學)을 전수받았는데 4세 때 이미 글을 깨우친 천재였다. 어린 시절부터 학자가 될 꿈을 갖고 성장하던 중 20세에 관악산 암자에서 홀로 『맹자』를 읽고 있었는데 그 소문을 들은 승려가 도둑으로 변장하여 유성룡의 담력을 시험했다고 한다. 이때 그는 굳은 의지로 조금도 동요하지 않고 글을 읽었고, 승려는 그가 반드시 큰 인물이 될 것이라 예언했다.

追慕順菴安鼎福先生

往昔吾東順老生　왕석오동순노생
星湖門弟學高明　성호문제학고명
遠名後代如山峻　원명후대여산준
任職當時似水淸　임직당시사수청
著述要書殫厥力　저술요서탄궐력
編修綱目盡其情　편수강목진기정
堅持雅操良心守　견지아조양심수
八域儒林讚頌聲　팔역유림찬송성

순암 안정복 선생

지난 옛적 우리나라에 선생께서 태어나시니
성호 선생 제자로 학문의 이름이 높더라.
이름이 끼친 후대에는 산과 같이 높고
직책을 맡은 당시에는 물과 같이 맑더라.
필요한 책을 저술에 그 힘을 다 하였고
강목을 편수하는데 그 열정을 다 하였네.
맑은 지조는 굳게 가지고 양심을 지키니
팔도의 유림들이 찬송하는 소리더라.

안정복은 38세 되던 1749년(영조 25) 문음(門蔭: 특별한 연줄로 벼슬에 임명되는 일)으로 첫 벼슬길에 올랐다. 그는 말단 관직인 만령전참봉(萬寧殿參奉, 종9품)을 시작으로 의영고참사(義盈庫奉事, 종8품), 정릉직장(靖陵直長), 귀후서별제(歸厚署別提, 종6품)를 거쳐 43세에 이르러 사헌부감찰까지 올랐다. 그러나 부친의 죽음과 본인의 건강 악화로 5년 만에 관직에서 물러나 다시 고향 광주에 내려갔다. 이후 61세까지 18년간 관직과는 거리를 두고 저술 활동에 몰두하였는데, [임관정요](1757. 46세), [동사강목](1759, 48세), [열조통기](1767, 56세) 등 그의 대표 저술은 이 시기에 쓰여진 것이다.

追慕耘谷元[天錫]先生

緬憶耘翁石逕尋　면억운옹석경심
遺風懿蹟感尤深　유풍의적감우심
蕭條墓域圍松樹　소조묘역위송수
淨潔祠堂祭士林　정결사당제사림
巢父嘗從懷遁志　소부상종회둔지
伯夷同伴守貞心　백이동반수정심
昭明往事碑銘載　소명왕사비명재
百世羹墻仰頌吟　백세갱장앙송음

운곡 원[천석]선생

옛날 운곡 선생의 석경촌을 찾으니
유풍의적의 느낌이 더욱 깊더라.
소조의 묘역은 소나무로 둘러있고
정결한 사당은 사림들이 제사 지내더라.
소부를 일찍이 좇아 운둔할 뜻을 품었고
백이를 동반하여 굳은 마음을 지키더라.
소명한 지난일이 비명에 실렸으니
백세갱장에 우러러 칭송을 읊도다.

고대 중국의 두 은사(隱士)인 허유와 소부. 허유는 세속적인 사상을 가진 선비로서 요(堯)임금이 왕위를 물려주려 하였으나 이를 받지 않고, 도리어 자기의 귀가 더러워졌다고 하여 영천(穎川)의 물에 귀를 씻고 오염된 물을 소에게 마시게 할 수 없다고 해 상류로 올라간 소부(巢父)와 허유(許由). 許由洗耳 箕山穎水(허유세이 기산영수).

追慕耘谷元[天錫]先生節義

麗末先生亂世逢　여말선생난세봉
雉山深處隱其蹤　치산심처은기종
非忘舊國惟憂政　비망구국유우정
不應新朝獨務農　불응신조독무농
潔白精神嚴子伴　결백정신엄자반
清廉志操伯夷從　천념지조백이종
巍巍節義誰能比　외외절의수능비
罔業孤臣仰若峯　망업고신앙약봉

운곡 원천석 선생 절의

고려 말 선생이 난세를 만나니
치악산 깊은 곳에 그 자취를 숨기더라.
고려를 잊지 못하고 오직 정치를 근심하고
조선을 응하지 않고 홀로 농사에 힘쓰더라.
지조의 대의는 엄자와 짝을 하고
결심 고설은 백이를 따르더라.
높고 높은 절의는 누구하고 견주리요
망업 고신에 우러러 보기가 산봉우리 같더라.

追慕栗隱金佇先生忠節

行蹟栗翁天性眞　행적율옹천성진
丹心向主守彝倫　단심향주수이륜
禑王復位圖謀士　우왕복위도모사
太祖昇階拒絶臣　태조승계거절신
命獻朝家能取志　명헌조가능취지
名垂竹帛亦成仁　명수죽백역성인
貞忠三代誰無仰　정충삼대수무앙
雲集騷朋敬慕伸　운집소붕경모신

율은 김저 선생 충절

율옹〔김저 선생〕의 행적과 천성이 진실이니
임금을 향한 일편단심은 이륜을 지키더라.
우왕 복위를 도모하는 선비요
태조 승계를 거절하는 신하더라.
명은 조선에 받쳐 능히 뜻을 취하고
이름은 죽백에 드리워서 또한 인을 이루더라.
삼대 정충을 누가 우러러보지 않으리요
운집한 시인들이 추모를 펼치리라.

율은 김저 선생은 고려의 사직을 지키려다 순국하신 만고의 충신이며, 문무를 겸비한 살신성인의 수범이요, 오직 의만을 실천하신 분이다. 19세에 문과 급제. 형조, 예조, 이조, 성균관대사성 역임. 고려 우왕 복위운동 실패.

追慕壬亂義士蚊川會盟

蚊川倡義會盟眞　문천창의회맹진
忠勇精神萬古新　충용정신만고신
壯略安民扶社稷　장략안민부사직
雄韜救國掃風塵　웅도구국소풍진
芳名赫赫傳人久　방명혁혁전인구
偉績堂堂振世頻　위적당당진세빈
追慕後生誰不仰　추모후생수불앙
千秋遺蹟以詩伸　천추유적이시신

임란 의사 문천 맹세

경주 문충의 창의가 회맹함이 진실인데
충용의 정신은 만고에 새롭더라.
책략은 백성을 편안키 위해 사직을 잡으시고
웅도는 나라를 구하여 풍진을 쓸어내리더라.
혁혁한 방명은 사람을 구하는데 전하고
당당한 위적은 세상의 자주를 떨치더라.
후생들이 추모함에 누가 우러러 보지 않으리요
천추유적은 시로서 펼치리라.

경주의 문천(蚊川-南川) 변인 반월성(半月城) 남쪽에서 경주읍성 탈환을 위한 결사항쟁의 맹세, 국가(國家)와 민족(民族)을 위해 바치는 목숨이란 얼마나 고귀한 희생이랴! 죽음이라면 이보다 더 장렬한 죽음은 없었다.

- 壯略 : 씩씩한 전략.
- 雄韜 : 웅장한 활.

追慕淸臺權相一先生學德

天降淸翁鳥嶺陽　천강청옹조령양
生平懿蹟感嘆長　생평의적감탄장
遺來德業千秋赫　유래덕업천추혁
著述文章萬古香　저술문장만고향
洙泗淵源傳受士　수사연원전수사
洛閩脈絡繼承鄕　낙민맥락계승향
對君上疏誰無頌　대군상소수무송
追慕吾儕豈可忘　추모오제기가망

청대 권상일 선생 학덕

청대〔權相一〕 선생이 조령 땅에 태어나시니
평생 의적이 사람을 감동함이 길어지더라.
전해오는 덕업은 천추에 빛나고
저술 문장은 만년 동안 향기롭더라.
수사와 연원을 전수하는 선비요
낙민과 맥락을 계승하는 고향이더라.
군왕을 위한 상소를 누가 칭송하지 않으리요
우리들이 추모를 어찌 가히 잊으리오.

- 鳥嶺 : 문경의 옛 이름.
- 洙泗 : 洙水와 泗水. 공자가 이 근처에서 제자들에게 도를 가르쳤던 장소.
- 淵源 : 사물의 근원.
- 洛閩 : 宋나라 때의 학자 程顥 · 程頤 형제가 살던 洛陽과 朱熹가 살던 閩中을 말함.

追慕草澗權文海先生

昊天眷佑降先生　호천권우강선생
師事高師道德明　사사고사도덕명
導世良風餘偉績　도세양풍여위적
牧民善政布溫情　목민선정포온정
韻書著述奇才振　운서저술기재진
史學探求巨擘成　사학탐구거벽성
寶物燦然垂竹帛　보물찬연수죽백
無窮遺澤有光榮　무궁유택유광영

초간 권문해 선생

호천이 우리를 도와 선생을 내리시니
높은 선생을 높게 섬겨 도덕을 밝히더라.
세상을 이끄는 양풍은 위적이 남았고
목민 선정은 온정을 펼치더라.
운서 저술은 기재를 떨치고
사학 탐구는 거벽을 이루더라.
찬연한 보물은 죽백에 드리우니
무궁한 유택에 광영이 있으리라.

권문해 : 본관은 예천(醴泉), 자는 호원(灝元), 호는 초간(草澗), 아버지는 지(祉)이다. 1560년(명종 15) 별시문과에 병과로 급제하여 좌부승지 · 관찰사를 지내고 1591년에 사간이 되었다. 이황(李滉)의 문하에서 수학하였으며 유성룡(柳成龍) · 김성일(金誠一) 등과 친교가 있었다. 저서로는 우리나라의 고금문적(古今文籍)을 널리 참고하여 단군시대로부터 편찬 당시까지의 지리 · 역사 · 인물 · 문학 · 식물 · 동물 등을 총망라하여 운별(韻別)로 분류한 『대동운부군옥(大東韻府群玉)』과 문집으로 『초간집』이 있다. 예천 봉산서원(鳳山書院)에 제향 되었다.

追慕竺山君菊坡全元發先生

嶽降先生麗季時　악강선생여계시
元邦任士大名垂　원방임사대명수
稅收減免安民業　세수감면안민업
朝貢蠲除鞏國基　조공견제공국기
稱誦肅宗留懿蹟　칭송숙종유의적
讚辭李子侍賢師　찬사이자시현사
碑傳法寺餘眞筆　비전법사여진필
歸去田園老後期　귀거전원노후기

축산군 국파 전원발 선생

선생이 고려 말에 악강하시니
원나라에서 벼슬 할 적에 대명을 이루도다.
세수 감면은 백성의 근심을 편하게 하고
조공 견제는 나라의 터전을 이끌었도다.
숙종대왕 칭송은 의적으로 남아있고
퇴계 선생 찬사는 현사로 모시더라.
법주사의 비문에 필적이 남아있으니
전원 귀거에 노후를 기약하더라.

追慕春亭卞季良先生

春翁懿蹟峻如天　춘옹의적준여천
負笈勤從圃隱前　부급근종포은전
後輩心欽書院享　후배심흠서원향
靑雲路達玉堂連　청운로달옥당연
經綸卓越千秋士　경륜탁월천추사
道德崇高萬世賢　도덕숭고만세현
餘韻遺風追慕日　여운유풍추모일
頌聲長久後人傳　송성장구후인전

춘정 변계량 선생

춘옹의 아름다운 자취가 높고 하늘같은데
책 상자를 짊어지고 포은 선생을 따르더라.
후배는 공경하여 서원에 제사 지내고
청운의 길이 통달하여 옥당으로 이어졌네.
경륜은 탁월하여 천추의 선비요
도덕은 숭고하여 만세까지 어질도다.
여운유풍을 추모하는 날에
칭송은 오랫동안 후인에게 전하더라.

변계량(1369-1430) : 40대 중반에 하늘이 낸 문재로 특히 외교 문서에 능통했던 것이다. 세종 12년 조선 초기의 문신 정도전, 권근의 뒤를 이어 조선 초 관인문학을 좌우지했던 인물이다. 20년 동안이나 대제학을 맡고 성균관을 장악하면서 외교문서를 쓰거나 문학의 규범을 마련했다.

追慕忠烈公宋象賢府使

府使宋翁壬亂辰　부사송옹임란신
東城固守喊聲頻　동성고수함성빈
執戈投筆忠崇士　집과투필충숭사
討賊叢兵義盡身　토적총병의진신
憂國丹心如許遠　우국단심여허원
捨生勁節比張巡　사생경절비장순
敵軍戰死途難假　적군전사도난가
追慕儒林俎豆陳　추모유림조두진

충렬공 송상현 부사

부사 송상현이 임진왜란이 일어난 때에
동래성 고수에 장군으로 함성을 자주하더라.
붓을 던지고 창을 잡으니 충이 높은 선비요
병을 모우고 적을 토벌하니 의를 다하는 몸이라.
나라를 근심하는 단심은 허원과 같고
몸을 버린 굳은 절개는 장순과 비하더라.
적군에게 전사함은 길을 비켜주기 어려우니
유림들이 추모하여 조두를 펼치리라.

정읍 농소동(農所洞) 신흥(新興)마을에 있는 송상현(宋象賢) 등을 모시는 정충사(旌忠祠)에 조선조 효종(孝宗) 8년(1657년)에 사액(賜額, 임금이 祠院 등에 이름을 지어 현판을 내리던 일)을 내려주기 바라면서 태천 김지수(苔川 金地粹)가 지은 상소문(上疏文)의 일부이다. 이로 해서 비로소 이 사당에 정충(旌忠)이라는 사액이 내려졌다. 이 정충사는 사액이 내려지기 25년 전인, 인조(仁祖) 10년인 1632년에 이미 세워졌다. 정읍 사람인 송상현은, 임진왜란(壬辰倭亂) 때 동래부사(東萊府使)로 왜군(倭軍)과 싸우다 장렬하게 전사하였다. 그 송상현이 이 고장에 있는 정충사에서 제향하고 있다.

追慕忠毅公鄭起龍將軍

忠毅丹心振劍豪　충의단심진검호
六三戰勝泰山高　육삼전승태산고
精神救國如飛虎　정신구국여비호
鬪志殲倭若怒濤　투지섬왜약노도
鴻業孝宗稱讚得　홍업효종칭찬득
大勳尤老顯彰遭　대훈우노현창조
龍蛇懿蹟誰無頌　용사의적수무송
後學羹墻詠賦騷　후학갱장영부소

충의공 정기룡 장군

정기룡 장군의 단심이 검호에 떨치는데
육지에서 六三 전승은 태산같이 높더라.
구국 정신은 나는 호랑이 같고
섬왜 투지는 성낸 파노 같더라.
효종의 홍업은 칭송을 얻었고
우암 선생의 대훈은 현창을 받나더라.
임란 의적을 누가 칭송하지 않으리요
후학 갱장에 부와 소로 읊도다.

정기룡이 과거 보러 갔을 때, 임금이 낮잠을 자고 있었다. 임금의 꿈에 용이 하늘로 올라갔다. 임금이 신하를 불러 무슨 일이 있느냐고 물으니, 정가(鄭哥)라는 사람이 막 과거에 급제했다고 한다. 이러한 일로 인해 이름을 정기룡으로 고쳤다. 정기룡 장군은 그다지 유명하지 않아도 실제로는 이순신(李舜臣, 1545~1598) 장군에 버금갈 만큼 큰 무공을 세운 거룩한 장군이었다. 정기룡 장군이 출세한 데는 지리학, 즉 풍수의 영향이 컸다.

追慕退隱楊治先生

退翁氣魄賦天眞　퇴옹기백부천진
開拓六鎭功績新　개척육진공적신
高節如霜能樹紀　고절여상능수기
丹忠貫日亦扶倫　단충관일역부륜
居仁遁世辭華屋　거인둔세사화옥
守義潛身脫俗塵　수의잠신탈속진
欽慕端宗詞伯仰　흠모단종사백앙
芳名登史永彬彬　방명등사영빈빈

퇴은 양치 선생

퇴옹〔양치 선생〕의 기백이 천진으로 부여받았는데
육진개척으로 나라에 공적이 새롭더라.
고절은 서리와 같아서 능히 기강을 세우고
단충은 해를 관통하니 또한 인륜을 잡았더라.
인에 거하며 둔세하여 화옥을 사양하고
의를 지켜서 몸을 숨겨 속된 세상을 벗어나더라.
단종 대왕 흠모에 사백들이 우러러보니
방명이 역사에 오르니 영원히 빛나더라.

양치선생은 단종 손위(遜位)에 미쳐서는 매월 초하루 공복(公服)을 입고 동향(東向)하여 눈물을 비처럼 흘리다가, 단종이 승하하자 산문을 나가지 않고 천주산 아래 기지리 두문동에서 40여 년을 은거하다 86세에 일생을 마쳤다. 시(詩)에 읊기를, "세상일 아득히 이미 흰머리 되었는데, 자규루 단종이 자신의 신세를 한탄하며 시를 남겼던 누각은 천년의 한이 서렸구나. 책명과 무용은 이제 어디에 쓰리오. 다만 돌아가 사육신의 소리 따르길 원하노라[世事茫然已白頭, 千年遺恨子規樓, 策名武勇今何用, 但願歸從六鬼啾]"라 하였다. 조선왕조실록에 의하면, 1448년(세종 30) 양치(楊治)가 지영광군사로 있을 때 가벼운 장물죄(贓物罪)를 범하여 고신(告身)을 회수하였다가 갑사(甲士)로 소속시킨 일이 있었다. 저술에 『퇴은실기』가 있다.

追慕圃隱先生中日外交業績

先生圃隱外交馳　선생포은외교치
難局打開誠實知　난국타개성실지
渡日戰爭防止際　도일전쟁방지제
赴明歲貢減輕時　부명세공감경시
愛民壯志千秋赫　애민장지천추혁
救國忠心萬古基　구국충심만고기
水陸往來功偉大　수륙왕래공위대
芳名懿蹟仰欽宜　방명의적앙흠의

포은 선생 중일 외교

포은 선생이 외교로 달렸으니
난국 타개에 절실함을 알더라.
일본을 건너 전쟁을 방지할 즈음에
명나라로 달려 세공을 경감할 때라.
백성을 사랑하는 장지는 천추에 빛나고
나라를 구하는 충심은 만고에 터전이더라.
수륙 왕래에 공이 위대하니
방명의적은 우러러 공경함이 마땅하도다.

追慕鶴村朴以龍義兵將

學村緬憶救邦危　학촌면억구방위
勇猛防倭屹將旗　용맹방왜흘장기
倡義起兵揚力際　창의기병양력제
忠君投筆振名時　충군투필진명시
栗翁執贄文章赫　율옹집지문장혁
重老交流理學知　중노교류이학지
亂世英雄誰不仰　난세영웅수불앙
鄕人協贊建高碑　향인협찬건고비

학촌 박이룡 의병장

면억 학촌 박이룡 장군이 나라 위기를 구할 때
용맹은 방왜에 장군의 깃발을 높이더라.
창의 기병으로 힘을 날릴 즈음에
충군 투필에 이름을 날릴 때더라.
율곡 선생 사사에 문장이 빛나고
중제 선생 교류에 이학을 알았더라.
난세에 영웅을 누가 우러러보지 않으리요
향인들이 협찬하여 비를 높이 세우더라.

박이룡(朴以龍, 1533~1593)은 어려서 율곡(栗谷) 이이(李珥)의 문하에서 수학하였다. 1561년(명종 16) 진사시를 거쳐 1577년(선조 10) 문과에 급제하고 이조좌랑에 올랐다. 1590년(선조 23) 해서(海西) 고을의 수령이 되었다. 이때 군복(軍服)에 관한 비위 사건에 연좌되었다가 임진왜란을 맞아 누명을 씻기 위해 그 길로 고향인 황간에 내려와 친척과 동리 장정 500여 명을 모아 의병을 일으켰다.

追慕寒岡鄭先生

偉哉文穆出吾東　위재문목출오동
百世宗師孰敢同　백세종사숙감동
義效南翁崇尙裡　의효남옹숭상리
仁修退老繼承中　인수퇴노계승중
英才教育千秋赫　영재교육천추혁
善政施行萬歲功　선정시행만세공
泰斗大賢追慕裡　태두대현추모리
青衿後學振儒風　청금후학진유풍

한강 정구 선생

위대하도다 문목공〔鄭逑 先生 諡號〕이 동방에 태어나시니
백세종사에 누가 감히 같으리오.
남옹〔南冥 선생〕의 의를 본받아 숭상하는 속에
퇴노〔退溪 선생〕의 인을 닦아서 계승하는 중이더라.
영재 교육은 천추에 빛나고
선정 시행은 만세에 공이더라.
태두 대현을 추모하는 곳에〔경남 창령〕
청금의 후학들이 유풍을 떨치리라.

- 宗師 : 종장으로 받들어 본받음. 존중할 만한 학자.
- 泰斗 : 태산북두. 태두. 권위자. 대가(大家). 제일인자.
- 寒岡 : 정구(1543-1620년) 선생은 경북 성주 출신으로 퇴계와 남명 선생을 사사. 영남 5현[김굉필, 정여창, 이언적, 이황, 정구]의 한 사람이며, 많은 제자와 저술로 학문을 인정받음.

追慕孝簡公葛川林薰先生

挺出先生比太陽　　정출선생비태양
士林追慕感懷長　　사림추모감회장
牧民善政千秋鑑　　목민선정천추감
竭孝精神萬古香　　갈효정신만고향
脈絡洛閩傳授里　　맥락낙민전수리
淵源洙泗繼承鄉　　연원수사계승향
六賢江左孰無仰　　육현강좌숙무앙
青史芳名焉易忘　　청사방명언이망

갈천 임훈 선생

갈천 선생 학문이 뛰어나 태양에 견주니
사림들이 추모하니 감회가 길더라.
목민 선정은 천추에 거울이요
갈효 정신은 만고에 향기롭도다.
낙민〔정 주학〕의 맥락을 전수하는 고을이요
수사〔공자 맹자〕를 계승하는 고향이라.
강좌 육현을 누가 우러러 보지 않겠는가
청사에 찬연함을 어찌 쉽게 잊으리오.

- 挺出 : 빼어나다. 뛰어나다.
- 洛閩 : 宋나라 때의 학자 程顥 · 程頤 형제가 살던 洛陽과 朱熹가 살던 閩中을 말함.
- 脈絡 : 서로 관계나 연관이 이어지다.
- 洙泗 : 공자가 제자들을 가르치던 곳에 있는 洙水와 泗水로 곧 공자와 맹자를 말함.
- 淵源 : 사물이나 일 따위의 근원.

追思蓬萊楊士彦先生際誕辰500週年

嶽降先生五百年　악강선생오백년
任官善政讚辭連　임관선정찬사연
筆才誇比魯公肩　필재과비노공견
文質彬登蘇氏筵　문질빈등소씨연
性理硏磨開後學　성리연마개후학
儒風振作繼前賢　유풍진작계전현
教科國定名時調　교과국정명시조
皆唱人人永世傳　개창인인영세전

양사언 선생 탄신 오백주년

양사언 선생이 태어나신 지가 오백 년인데
임관 선정에 찬사로 이어지더라.
필재는 자랑하여 노공〔안진경〕의 어깨와 견주고
문질은 아름다워 소식〔소동파〕의 자리에 오르더라.
성리학을 연마하여 후학을 열었고
유풍을 신삭하여 전현을 이었더라.
국정 교과서에 실려 있는 명 시조인데
모든 사람들이 불러서 영세토록 전하리라.

1546년(명종 1) 문과에 급제하여 대동승(大同丞)을 거쳐 삼등(三登: 평안남도 강동 지역)·함흥(咸興)·평창(平昌)·강릉(江陵)·회양(淮陽)·안변(安邊)·철원(鐵原) 등 8고을의 수령을 지냈다. 자연을 즐겨 회양의 군수로 있을 때는 금강산에 자주 가서 경치를 감상했다. 만폭동(萬瀑洞)의 바위에 '蓬萊楓岳元化洞天(봉래풍악원화동천)'이라 글씨를 새겼는데 지금도 남아있다.

追思正祖大王水原鄕校親臨

憶昔君王奉審時　억석군왕봉심시
百官文武合心追　백관문무합심추
昇階進位嚴遵式　승계진위엄준식
奠爵焚香敬備儀　전작분향경비의
田土擴張呈萬物　전토확장정만물
黌堂修理助千貲　횡당수리조천자
經書下賜儒風續　경서하사유풍속
聖敎傳承善政施　성교전승선정시

정조대왕 수원향교 방문

옛날 정조대왕이 봉심〔향교방문〕할 때에
문무백관들은 합심으로 추모하더라.
계단에 오르고 자리에 나가 엄히 식을 따르고
잔을 드리고 분향함에 공경의 예를 갖추더라.
전토 확장으로 많은 물건을 드리고
횡당 수리에 천금으로 도와주더라.
책을 내려주고 유풍으로 이어지니
성인의 교육은 전승으로 선정을 베풀더라.

이름 산(祘), 자는 형운(亨運), 호는 홍재(弘齋)이며, 1752년 장헌세자(莊獻世子 : 思悼世子, 장조)의 아들로 출생했다. 할아버지는 영조이며, 어머니는 영의정 홍봉한(洪鳳漢)의 딸 혜경궁 홍씨(惠慶宮洪氏 : 惠嬪, 헌경왕후)이다. 1759년(영조 35) 세손에 책봉되고, 1762년 2월에 좌참찬 김시묵(金時默)의 딸 효의왕후(孝懿王后)를 맞아 가례를 치렀다. 이해 5월에 아버지가 뒤주 속에 갇혀 죽는 광경을 목도해야 했다. 1764년 2월 영조가 일찍 죽은 맏아들 효장(孝章)세자의 뒤를 이어 종통을 잇게 하였다.

孝婦令人東來鄭氏追頌

鄭門烈女續年年　정문열녀속연년
報本精神鐵石堅　보본정신철석견
斬手血求傾最善　참수혈구경최선
入江鯉得盡誠虔　입강리득진성건
子孫恒訓習詩賦　자손항훈습시부
父母每思鳴管絃　부모매사명관현
孝婦令人追頌裡　효부령인추송리
根源百行萬邦宣　근원백행만방선

동래 정씨 효부 칭송

정씨 문중에 열녀가 해마다 이어지는데
보본 정신을 굳건히 하시더라.
손을 베어 피를 구하기에 최선을 기울이고
강에 들어가 잉어를 얻어 정성을 나하더라.
자손을 항상 가르쳐서 시와 부를 익히고
부모를 매일 생각하여 관과 현을 울리더라.
효부 영인을 추송하는 속에
백행의 근원은 많은 나라에까지 베풀리라.

5. 祝 賀

慶祝友山齋創建

創建友齋迎瑞光　창건우재영서광
午翁報本孝心匡　오옹보본효심광
先賢懿蹟千秋赫　선현의적천추혁
後裔精誠萬古昌　후예정성만고창
宅鏡水迎回泰運　택경수영회태운
址雲山繞發休祥　지운산요발휴상
儒林遠近題詩祝　유림원근제시축
德業彬彬永世揚　덕업빈빈영세양

우산재 창건

우산재 창건에 서광을 맞이하니
우남〔정정옥.회장〕 보본의 효심이 바르더라.
선현 유적은 천추에 빛나고
후예 정성은 만고에 빛나도다.
집은 경수에 맞이하여 태운이 돌아오고
터는 운산에 싸여 아름답고 상서가 발하더라.
원근에 유림이 시제로 축하하니
덕업이 빈빈하여 영세도록 날리리라.

우산재는 부산광역시 기장군 장안읍 덕선리 산49번지에 대지 8천여 평으로 제실 및 주택 전통한옥으로 새로이 조성하여 동래정씨 봉천군파의 정종옥 회장이 자수성가하여 후손으로서 사비로 역사에 남을 건축물을 조성함.

慶祝河西先生誕生五百周年

我東天佑遣先生　아동천우견선생
五百年過學復明　오백년과학부명
道德嗟磨承孔孟　도덕차마승공맹
詩書切琢慕周程　시서절탁모주정
卵山淚裡乾坤立　난산루리건곤입
墨竹圖中鐵石盟　묵죽도중철석맹
懿績芳名誰不仰　의적방명수불앙
大賢敬慕盡心情　대현경모진심정

하서 선생 탄생 오백주년

우리나라에 하늘이 도와서 선생을 보내시니
오백년이 지나서 학문이 다시 밝혀지더라.
도덕과 차마는 공자 맹자를 이으시고
시서와 절탁은 주자 정자를 사모하더라.
통곡한 난산의 눈물 속에 건곤을 세우고
임금이 하사한 묵죽도에 철석같이 맹세하더라.
의적 황황은 누가 우러러 보지 않으리오.
대현 경모의 마음을 다하는 정이더라.

본관 울산, 자 후지(厚之), 호 하서(河西) · 담재(澹齋), 시호 문정(文正). 1510년 전라도 장성현 대맥동리에서 출생하였다. 그의 5대조 김온(金穩)은 서울에서 살았으나, 세자 책봉에 연루되어 사사되자 가족들은 전라도 장성 땅으로 이주하여 살았다. 그의 부친은 종9품의 관직에 임명되었지만 나아가지 않았다. 어려서 총명했으며 당시 전라도 관찰사 김안국에게도 지도를 받았다. 1528년 성균관에 들어가 이황(李滉)과 함께 학문을 닦았다.

桂陽定名八百年發展하는世界속都市

桂陽名定昔何時　계양명정석하시
槿域關門萬國知　근역관문만국지
協助官民呈拍手　협조관민정박수
祝辭賓客送羽巵　축사빈객송우치
海途貿船成功約　해도무박성공약
航路飛機發展宜　황로비기발전의
經濟復興生活富　경제부흥생활부
雄都發展必須期　웅도발전필수기

계양의 발전 도시

계양이 이름으로 정한 지가 옛 어느 때인가
근역관문〔비행장 오는 손님〕에 많은 나라가 알더라.
관민들이 협조하여 서로 박수 치고
빈객들이 축하하니 함께 잔을 들더라.
바닷길 무역하는 배는 성공을 약속하고
항로 길 비행기는 발전함이 마땅하도다.
경제 부흥으로 생활이 넉넉하니
웅도발전은 필수로 기약하더라.

祝近嵒書院重建

近嵒重建告成功　근암중건고성공
繼述千秋盡至成　계술천추진지성
觀峀雲消煇月色　관수운소휘월색
潁江水活奏琴聲　영강수활주금성
後生盛業連稱頌　후생성업연칭송
先哲流芳更闡明　선철류방갱천명
配享七賢虔祀處　배향칠현건사처
吾儕慶祝益繁榮　오제경축익번영

근암서원 중건

근암서원 중건이 성공을 고하는데
계술 천추에 지성을 다하더라.
산을 보고 구름이 사라지니 월색이 빛나고
영강에는 물이 활발하니 거문고 소리가 아뢰더라.
후생들이 성업에 칭송으로 이어지고
어진 사람이 아름다우니 다시 높게 밝더라.
배향하는 칠현을 삼가 제사 지내는 곳에
오제들이 경축하니 더욱 번영하리라.

조선시대 갑자사화에 연루되어 대사헌 및 지중추부사를 지내신 우암 홍언충 선생과 임진왜란 때 활약했던 한음 이덕형 선생과 7현이 배향된 경북 문경시 산북면 서중리 148-1 근암서원이 고종의 서원 철폐령에 의해 철회된 지 근 140여 년 만에 드디어 준공 복원되었다.

• 先哲 : 옛날에 어질고 사리에 밝은 사람.

祈願尙州洛東江觀光特化事業成功

勝地商山別界成　승지상산별계성
觀光特化願揚名　관광특화원양명
施工計劃傾全力　시공계획경전력
完璧調査盡至誠　완벽조사진지성
洛水泳場稱頌席　낙수영장칭송석
擎天橋道讚歎聲　경천교도찬탄성
官民協助歡迎裡　관민협조환영리
泛月詩吟熱氣盈　범월시음열기영

낙동강 관광사업 성공

승지 상산〔상주 옛 지명〕이 별계를 이르는데
관광 특화가 이름 날리기를 원하더라.
시공 계획에 전력을 기울이고
완벽 조사에 지성으로 다하더라.
낙동강 수영장은 칭송하는 자리요
경천대 교량 연결은 찬탄하는 소리더라.
관민이 협조하고 환영하는 속에
범월 시회가 열기로 가득 차더라.

大藏經千年世界文化祝典開催

崇佛眞言麗代成　숭불진언려대성
木彫八萬大藏經　목조팔만대장경
法文世界如星赫　법문세계여성혁
寶物東方似日明　보물동방사일명
觀覽遊人爲盛市　관람유인위성시
歡迎賞客作圍城　환영상객작위성
開催祝典官民讚　개최축전관민찬
管理保存千古情　관리보존천고정

대장경 세계문화축전

숭불의 좋은 말을 고려시대에 이루는데
나무에 새긴 팔만대장경이라네.
세계의 법문은 별과 같이 빛나고
동방의 보물은 해와 같이 밝더라.
관람하는 유인은 성시를 이루고
환영하는 상객들은 위성을 이루도다.
합천이 개최 축전하여 관민들이 칭찬하니
보존하고 관리하니 영원한 정이더라.

고려 고종에 의해 1237~1248에 간행된 것으로, 고려시대에 만들어져 고려대장경이라고도 하고, 판수가 81,258매로 제작된 장경은 불교의 진언이다. 고려 현종(1009~1031) 때 새긴 초조대장경은, 몽고의 난으로 불타버려 다시 새겼다 하여 재조대장경이라고도 일컫는다.

先進卄國頂上來會我邦

卄邦頂上訪韓辰　입방정상방한진
會議成功願近親　회의성공원근친
經濟危機回復勉　경제위기회복면
金融好況待望新　금융호황대망신
中蘇共助爲同伴　중소공조위동반
美日相扶結善隣　미일상부결선린
人類繁榮尤被澤　인류번영우피택
平和世界必伸均　평화세계필신균

20개국 정상회의

이십 개국 정상들이 방한 할 때에
회의 성공의 친함을 원하더라.
경제 위기에 모두 힘쓰고
금융 호황을 바라는 바가 새롭더라.
중국 소련 공조하여 동반자가 되고
미국 일본 서로 도와서 좋은 이웃이더라.
인류 번영이 더욱 혜택을 입게 되니
평화 세계가 반드시 고르게 펼치리라.

願乙未年世界軍人體育大會聞慶誘致

大會旗揚聞慶天	대회기양문경천
願成誘致務餘年	원성유치무여년
邦中設置硏磨所	방중설치연마소
國際開催弘報筵	국제개최홍보연
黑白不拘遊說展	흑백불구유세전
東西莫逆外交連	동서막역외교연
軍人體力雌雄裏	군인체력자웅리
和合成功必赫然	화합성공필혁연

군인 체육대회 유치

대회 깃발이 문경 하늘에 날리는데
원하는 유치를 남은 기간 동안 힘쓰더라.
나라 가운데 연마하는 장소를 설치하고
국제 홍보의 자리를 개최하리라.
흑백〔인종〕 불구하고 유세를 펼치니
동서로 막역하여 외교로 연결되리라.
군인 체력이 겨루는 속에
화합 성공이 반드시 빛나리라.

- 雌雄 : 암컷과 수컷. 강약(强弱), 승부(勝負), 우열(優劣)을 비유(比喩)하는 말.
- 黑白 : 전 인류. 흑인과 백인.

願韓中修交

兩國修交及此時　양국수교급차시
和親東北世皆知　화친동북세개지
笑顔同坐歡迎席　소안동좌환영석
握手相酬祝賀卮　악수상수축하치
信義分明先進入　신의분명선진입
平和忽覺大功垂　평화홀각대공수
三千槿域繁榮續　삼천근역번영속
友好雙方不變期　우호쌍방불변기

한중 수교 원함

양국의 교류가 시간이 급한데
동북 화친으로 세계가 다 알더라.
웃는 얼굴로 대하니 환영하는 자리요
악수와 술 권하니 축하하는 잔치더라.
믿음과 의는 선진국에 들어오고
평화를 깨달으니 큰 공이 드리우도다.
삼천 근역에 번영으로 이어지면
우호하는 쌍방이 불변하기를 기약하더라.

讚採薇軒全五倫先生忠義

麗末先生人品貞　여말선생인품정
讚揚守節巨儒成　찬양수절거유성
丹心一片如山屹　단심일편여산흘
不事二君若日明　불사이군약일명
身去漢陽垂義蹟　신거한양수의적
心歸松嶽盡忠情　심귀송악진충정
掛冠隱遁堂堂裡　괘관은둔당당리
痛嘆前朝運未亨　통탄전조운미형

채미헌 전오륜 선생

고려 말 전오륜 선생의 인품이 곧으니
절개를 지키며 거유가 된 것을 찬양하더라.
일편단심은 산과 같이 높고
이군 불사는 해와 같이 밝더라.
몸은 한양을 버리고 의적을 드리우고
마음은 송악에 돌아가 충정을 다하더라.
관모는 나무에 걸고 은둔이 당당한 속에
전조에 운이 형통하지 아니함을 통탄하노라.

채미헌 전오륜 선생은 고려가 망하고 조선이 창건되자, 두문동에 의관을 벗어 걸어 놓고, 고향인 정선의 깊은 산속에 들어가 백이, 숙제처럼 고사리를 먹고 살다가 돌아가심. 두문동 7현으로 세월을 한탄하는 정선 아리랑의 시초가 됨.

祝慶北道廳醴泉安東移轉

移轉道廳安醴鄉　이전도청안예향
成功誘致祝聲長　성공유치축성장
劍山松葉又增彩　검산송엽우증채
女潭蓮花尤帶香　여담연화우대향
建設新都千歲樂　건설신도천세락
擴張吉地萬年揚　확장길지만년양
官民協力同心助　관민협력동심조
諸郡之中第一望　제군지중제일망

도청 예천 안동 이전

도청을 안동 예천 고을로 이전하니
성공 유치와 축하하는 소리가 길어지더라.
검산의 송엽은 또한 채색을 더하고
여담의 연화는 더욱 향기가 짙어지더라.
신도시 건설은 천년 동안 즐겁고
길지 확장에는 만년 동안 날리더라.
관민이 협력하여 같은 마음으로 도우면
모든 도시 가운데 제일로 바라보더라.

祝慶北新道廳時代開幕

新廳時代始安東　신청시대시안동
開幕儒林祝賀同　개막유림축하동
市郡合心前進裡　시군합심전진리
官民協力共謀中　관민협력공모중
文明發展起祥氣　문명발전기상기
經濟伸張吹瑞風　경제신장취서풍
福祉厚生完璧後　복지후생완벽후
人才教育出英雄　인재교육출영웅

경북 도청시대 개막 축하

경상북도 신청시대가 안동에서 시작하니
유림들이 개막에 축하함이 같아지더라.
시군이 합심하여 전진하는 속에
관민이 협력하여 함께 도모하는 중이더라.
문명이 발전함에 상기가 일어나고
경제가 신장하여 서풍이 불더라.
복지 후생이 완벽한 속에
인재를 교육하니 영웅이 나오더라.

祝慶尙道開道七百週年

於焉開道七期迎　어언개도칠기영
地秘天慳偉業成　지비천간위업성
輩出人才曾劃策　배출인재증획책
繁昌文物善經營　번창문물선경영
合心市郡連稱頌　합심시군연칭송
協力官民振賀聲　협력관민진하성
發展雄都無限續　발전웅도무한속
太平盛世復興情　태평성세부흥정

축 경북도청 칠백주년

벌써 감영〔도청〕을 알린지 칠백년을 맞이하니
하늘이 아낀 신비의 땅에 위업 이루도다.
배출 인재에 획책을 더하고
문물 번창에 경영을 잘하였도다.
시군 합심에 칭송으로 이어지고
관민 협력에 하성에 떨지더라.
웅도 발전에 무한히 이어지니
태평 성세에 부흥하는 정이더라.

慶尙監營은 조선의 地方行政의 8도 제하에 경상도를 觀察하던 監營이다. 현대의 道廳과 같은 역할이다.
朝鮮초기에는 경주에 위치해 있던 것이 尙州 팔달현, 달성군 안동부 등지를 옮겨 다니다 선조 34년(1601년) 최종적으로 大邱로 이전되어 그곳에 정착되었다. 이후 고종 33년(1896년) 갑오개혁으로 지방행정을 13도제로 개편한 뒤에도 경상북도의 중심지였다. 1910년 경상북도 청사로 개칭하였다. 1966년 경상북도청을 포정동에서 산격동으로 이전하였으며, 2016년 安東・醴泉 사이로 이전.

祝京浦高速鐵道開通

高鐵開通四月陽　고철개통사월양
往來京浦感懷長　왕래경포감회장
應當海陸成便利　응당해륙성편리
必是都農得福祥　필시도농득복상
實有遠程能短縮　실유원정능단축
將期隣邑亦繁昌　장기린읍역번창
觀光事業尤興盛　관광사업우흥성
變化名區我所望　변화명구아소망

서울-포항 고속철도 개통

고속철도가 사월의 좋은 날에 개통되니
서울과 포항의 왕래로 감회가 많더라.
응당 바다와 육지가 편리하게 이르고
필시 도시와 농촌이 복으로 상서로움을 얻었더라.
진실로 먼 길을 능히 단축하고
장차 이웃과 읍이 또한 번창으로 기약하더라.
이에 관광 사업이 더욱 홍성되면
명구의 변화를 나는 바라고 바라더라.

祝國際濕地協約昌原總會

昌原總會振吾東　창원총회진오동

環境關心列國同　환경관심열국동

淨化沼池防廢水　정화소지방폐수

保存濕地起新風　보존습지기신풍

注南候鳥春秋返　주남후조춘추반

牛浦游魚遠近通　우포유어원근통

泉石膏肓連感興　천석고황연감흥

人間幸福必蒙豊　인간행복필몽풍

국제 습지 창원총회

창원 총회가 우리나라에서 펼치는데

환경 관심은 나라 나라마다 같더라.

연못의 정화는 폐수를 막아주고

습지 보존에 신풍이 일어나더라.

주남의 후조는 춘추로 돌아오고

우포의 유어는 원근에 통하더라.

천석고황이 감흥을 발하니

인간 행복은 반드시 풍요롭게 입으리라.

泉石膏肓 : 자연과 호흡하고 아끼는 마음.

祝士儒文化修練院竣工

吾儕慶祝表歡情　　오제경축표환정
儒院當今告落成　　유원당금고낙성
建館棟樑尤健實　　건관동량우건실
講堂材質摠堅貞　　강당재질총견정
講論傳統咸傾力　　강론전통함경력
教育英才亦盡誠　　교육영재역진성
自古先賢遺化地　　자고선현유화지
青衿繼述萬年榮　　청금계술만년영

선비수련원 준공

우리들이 경축에 기쁜 정을 표하는데
수련원이 지금 준공을 고하노라.
회관 기둥은 더욱 튼튼하고
강당에 재질은 다 견고하고 바르더라.
강론의 전통은 다 힘을 기울이고
교육 영재를 또한 정성을 다하리라.
자고로 선현들이 문화를 남긴 땅에
유생들이 계승하여 만년 동안 번영하리라.

- 儒院 : 선비의 수련원.　　● 棟梁 : 기둥과 대들보.
- 繼述 : 조상의 하던 일이나 뜻을 끊지 아니하고 이어감.
- 青衿 : 시경(詩經) '청청자금(青青子衿)'에서 儒生을 달리 이르는 말.
- 化地 : 택지로 전용되어 시가지로 형성되고 있는 현상을 뜻한다.

祝襄陽定名六百年

襄陽勝地海臨前　양양승지해임전
名定于今六百年　명정우금육백년
空港高昇邦外繼　공항고승방외계
車途廣設國中連　차도광설국중연
義臺觀覽千人伴　의대관람천인반
雪嶽逍遙萬客緣　설악소요만객연
產業繁昌尤邁進　산업번창우매진
康衢煙月後孫傳　강구연월후손전

양양 600주년을 축하

강원도 양양 승지가 바다 앞에 임했는데
지금 이름을 정한 지 육백년 되었도다.
비행기가 높이 올라 외국으로 나가고
차도는 넓게 건설하여 서울로 이어지더라.
의장대 일출관람은 천인과 짝하고
설악산 단풍구경은 만객과 인연하더라.
산업 번창이 더욱 매진하니
강구연월〔태평성대〕을 후손에게 전하리라.

祝月城齋落成

告落新齋別有天　고락신재별유천
先徽繼述莫窮連　선휘계술막궁연
鰲山霽月明窓外　오산제월명창외
兄水光風拂檻邊　형수광풍불함변
後裔精誠稱頌席　후예정성칭송석
大君懿蹟闡揚筵　대군의적천양연
儒林遠近題詩祝　유림원근제시축
不泯流芳百世傳　불민유방백세전

경주 월성재 낙성

신재를 별유천에서 낙성을 고하니
선조의 아름다움을 계술하여 다하지 않고 이어지더라.
금오산의 제월은 창밖에서 밝히고
형산강의 광풍은 난간에 떨치더라.
후예의 정성을 칭송하는 자리에
대군의 의적은 밝은 자리를 열었더라.
유림들이 원근에서 시제로 축하하니
유방이 잊어지지 않고 백세에 전하더라.

祝旌善哦義朗會館新築開館

竣工哦館屹如城　준공아관흘여성
旌善官民宿願成　정선관민숙원성
桐水淸風吹檻爽　동수청풍취함상
飛山皓月照簷明　비산호월조첨명
保存樂譜常傾力　보존악보상경력
愛唱歌謠每盡誠　애창가요매진성
雲集騷人連祝賀　운집소인연축하
應知經濟亦繁榮　응지경제역번영

정선아리랑 회관신축 개관

준공된 아리랑 회관이 성과 같이 높으니
정선 관민들의 숙원을 이루도다.
동강의 맑은 바람은 난간에 불어 상쾌하고
비봉산 밝은 달은 회관 처마에 밝더리.
악보 보존에 항상 힘을 기울이고
애창가요에 매번 정성을 다하더라.
운집 소인들의 축하로 이어지니
응당 경제에 또한 번영을 알겠더라.

祝尖端醫療複合團地大邱慶北誘致

誘致尖端團地成　유치첨단단지성
刀圭産業起分明　도규산업기분명
街街振動歡呼頌　가가진동환호송
處處紛喧祝賀聲　처처분훤축하성
協力官民宜邁進　협력관민의매진
合心市道益繁榮　합심시도익번영
神農秘藥能硏究　신농비약능연구
仁術恩施願我情　인술은시원아정

대구경북 의료복합단지

첨단산업의 유치를 단지에 이루니
도규산업이 분명히 일어나더라.
거리거리 진동은 환호송으로 칭송하니
곳곳에 분훤은 축하의 소리이더라.
협력 관민은 마땅히 매진하고
합심 시도는 더욱 번영하더라.
신농의 비약은 능히 연구하는데
인술 은시가 나의 정을 원하는구나.

• 刀圭 : 의료.
• 紛喧 : 매우 시끄러움.
• 神農 : 의술을 만든 사람.

祝忠州市昇格60週年

忠州昇市闢新基　충주승시벽신기
今到甲年傳祝辭　금도갑년전축사
地利調和懷月岳　지리조화회월악
天功秀麗繞彈池　천공수려요탄지
農工躍進三韓裕　농공약진삼한유
文物繁昌百姓怡　문물번창백성이
國土中心連發展　국토중심연발전
官民協助太平期　관민협조태평기

충주시 육십주년

충주시가 승격하여 새로운 터전을 열리니
이제 회갑을 맞이하여 축사로 전하더라.
지리 조화에 월악산을 품었고
천공 수려함에 신탄지를 들리더라.
농공이 약진하니 삼한에 넉넉하고
문물이 번창하니 백성이 기쁘더라.
국토 중심에서 발전으로 이어지니
관민 협조로 태평을 기약하리라.

祝統合昌原出帆

統合三都大市基　통합삼도대시기
萬民希願太平治　만민희원태평치
豈無活發通商盛　기무활발통상성
必有繁榮布政熙　필유번영포정희
慶賀紛紜休暢好　경하분운휴창호
歡呼振動吉祥宜　환호진동길상의
融和協力連前道　융화협력연전도
福地將成永遠期　복지장성영원기

창원 통합 출범

삼도〔마산, 창원, 진해〕 큰 도시가 통합하니
만민이 태평성대를 바라고 원하더라.
어찌 활발한 통상의 성함이 없으리요
반드시 번영의 포정은 빛이 있으리라.
경하가 분운하여 휴창은 좋아지고
환호가 진동하여 길상은 마땅하도다.
융화 협력하여 전도로 이어지면
복지가 장차 이루어져서 영원히 기약하리라.

- 紛紜 : 왕성하게 홍하는 모양.
- 休暢 : 경사스럽게 널리 퍼짐.

祝含月樓創建

月樓創建告完成　월루창건고완성
遠近來賓祝熱誠　원근래빈축열성
太水淸風吹檻爽　태수청풍취함상
伽山皓月照簷明　가산호월조첨명
呈祥畵棟朋吟頌　정상화동붕음송
增彩朱欄客勸觥　증채주란객권굉
蔚市官民名所誇　울시관민명소과
騷朋觀覽益怡情　소객관람익이정

울산 함월루 중건

함월루〔울산 중구〕 창건으로 완성을 고하니
원근 내빈들이 열성으로 축하하더라.
태화강의 맑은 바람은 난간으로 불고
가야산의 밝은 달은 처마로 비치더라.
화동에 상서로움을 주니 벗들은 시송을 읊고
주란에 채색을 더하니 객들은 잔을 권하더라.
울산시 관민들이 명소로 자랑하니
시인 관람에 기뻐하는 정이 더하더라.

祝花山書堂移轉

後學追思晩悔公　후학추사만회공
書堂移建慶山東　서당이건경산동
軒窓爽豁新粧美　헌창상활신장미
簷桷翬飛舊樣同　첨각휘비구양동
道脉繼承垂偉業　도맥계승수위업
儒風振作樹豊功　유풍진작수풍공
願言紹述先生意　원언소술선생의
永世遺光若日紅　영세유광약일홍

화산서당 이전

후학들이 만회공을 추모하고 생각하니
서당은 경산 동쪽에 이전하여 세우더라.
집과 창문은 넓고 상쾌하여 새로 단장하고
처마와 서까래는 휘비하여 옛 기둥과 같더라.
도맥을 계승하여 위업을 드리우고
유풍을 진작하여 풍공을 세웠더라.
원언 소술은 선생의 뜻인데
영세토록 남긴 빛은 해와 같이 붉더라.

- 道脉 : 성현들의 도를 전한 사람들의 계통.
- 紹述 : 선대 앞사람의 일을 이어받아 행(行)함.

親環境優秀都市昌原

昌原探訪適秋陽　　창원탐방적추양
環境常親自闡揚　　환경상친자천양
除汚河川波滾滾　　제오하천파곤곤
掃塵街路樹蒼蒼　　소진가로수창창
保存發展圖謀處　　보존발전도모처
守護宣傳會議場　　수호선전회의장
綠色革新推進續　　녹색혁신추진속
人間受惠祝杯觴　　인간수혜축배상

우수 도시 창원

창원을 마침 추양에 탐방하니
환경 상친이 스스로 높게 날리더라.
하천 오염을 제거하니 물결이 세차게 흐르고
가로수엔 티끌이 없으니 나무가 푸르고 푸르더라.
보전 발전을 도모하는 속에
수호 선선을 회의하는 장소더라.
녹색 혁신을 추진으로 이어지면
인간 수혜의 축배를 드는 잔이더라.

• 滾滾 : 많이 흐르는 물이 치런치런한 모양. 펑펑 솟아 나오는 물이 세게 나옴.

6. 懷古

觀音松有感

觀松偃蹇老平生　관송언건노평생
屹立長身氣像淸　흘립장신기상청
霜雪每含悲慘色　상설매함비참색
雨風又帶恨歎聲　우풍우대한탄성
夕朝戀后千秋積　조석연후천추적
晝夜思宮萬世縈　주야사궁만세영
焉忘端宗悽切事　언망단종처절사
仰看後學賦詩情　앙간후학부시정

청령포 관음송

관음송이 언건하여 평생을 늙는데
우뚝한 장신에 기상마저 맑더라.
서리와 눈은 매일 비참한 색을 머금고
비와 바람은 한탄의 소리를 같이 대하더라.
조석으로 왕후를 사모하니 천추로 쌓이고
주야로 궁을 생각하니 만세토록 읽히있도다.
어찌 단종의 처절한 사실을 잊으리요
후학들은 시로서 정을 우러러보더라.

청령포는 세조 2년(1456)에 왕위를 빼앗긴 단종이 유배되었던 곳으로 단종은 유배생활을 하면서 둘로 갈라진 이 나무의 줄기에 걸터앉아 시간을 보냈다고 한다. 관음송(觀音松)이라는 이름은 단종의 비참한 모습을 지켜보았다고 해서 '볼 관(觀)'자를, 단종의 슬픈 말소리를 들었다 하여 '소리 음(音)'자를 따서 붙인 것이라고 한다. 높이 30m 가슴높이둘레 5.19m로 천연기념물 제349호로 지정됨.

• 偃蹇 : 높이 솟은 모양.　• 疊疊 : 겹친 모양 중첩한 모양.

光復七十周年回顧

光復吾邦回顧時　광복오방회고시
島夷反省是何遲　도이반성시하지
北韓戰意暫無變　북한전의잠무변
東海黑心恒不移　동해흑심항불이
經濟隆興安定約　경제융흥안정약
農商躍進太平期　농상약진태평기
當年七十多奇蹟　당년칠십다기적
煙月康衢發展宜　연월강구발전의

광복 70년

우리나라 광복을 회고할 때
일본의 반성이 이 어찌 더디리오.
북한의 전의는 잠시도 변함이 없고
동해의 흑심은 항상 다르지 않더라.
경제 융흥은 안정으로 약속하고
농상 약진은 태평을 기약하더라.
당년 칠십에 기적이 많으니
강구연월에 발전이 마땅하도다.

校宮懷古

校宮懷古盛炎時　교궁회고성염시
敎誨童蒙守禮規　교회동몽수예규
百世繼承鄒魯脈　백세계승추노맥
千秋咏誦漢唐詩　천추영송한당시
綱常振作明倫理　강상진작명륜리
學問磋磨秉義彝　학문차마병의리
排斥異端吾道續　배척이단오도속
儒風聖訓萬年熙　유풍성훈만년희

향교의 옛 자취

향교를 무더운 때에 회고하니
배우는 아이들은 예의 법을 지키더라.
백세에 추노의 맥을 계승하고
천추에 한당의 시를 영송하더라.
강상 진작은 윤리를 밝히고
학문을 연마하여 의리를 잡았더라.
이단 배척하여 우리의 도를 이으면
성훈에 유풍이 만년 동안 빛나더라.

- 鄒魯 : 공자는 노(魯)나라의 사람이고, 맹자(孟子)는 추(鄒)나라 사람. 공맹(孔孟)을 가리켜 이르는 말.
- 漢唐 : 한나라와 당나라 시대에 한시가 많이 번창하였음.

錦城壇懷古

錦壇緬憶感懷新　금단면억감회신
復位端宗守大倫　복위단종수대륜
竊檄官奴心背道　절격관노심배도
殺身義士血流濱　살신의사혈유빈
生前謀事忠誠屹　생전모사충성흘
死後榮名義氣彬　사후영명의기빈
拜此儒林誰不歎　배차유림수불탄
千秋地下恨難伸　천추지하한난신

금성대군

옛날 금성단의 감회가 새로운데
단종 복위에 대륜을 지키더라.
관노의 절격이 마음에 도를 배반하고
의사의 살신은 피로 물가에 흐르더라.
생전 모사에는 충성을 높이고
사후 영화의 이름은 의기가 빛나더라.
이곳〔錦城壇〕 참배를 하니 누가 탄식하지 않으리오.
천추 지하에 한을 펼치기가 어렵도다.

금성단(錦城壇)은 영주시 순흥면(順興面) 소수서원 가까이에 있다. 금성대군(錦城大君1426~1457)의 이름은 유(瑜), 세종임금의 여섯 째 아들로 600여 년 전 빼앗긴 왕권을 찾기 위해 애쓰다가 이곳 옛 절 숙수사에서 엄청스러운 지역민의 희생이 있었다. 그 후 지역 유림들이 오늘까지 이분들의 넋과 정신을 모셔오고 있다.

• 緬憶 : 아주 먼 옛날.　• 官奴 : 관청의 노비.

蘭皐先生鄕試壯元

蘭皐折桂奈城東　난고절계내성동
出衆文章孰有同　출중문장숙유동
論說堂堂成警句　논설당당성경구
名聲藉藉起旋風　명성자자기선풍
嘉山守節宣揚裏　가산수절선양리
府使投降叱責中　부사투강질책중
何識自身先祖事　하식자신선조사
由斯放浪八州通　유사방랑팔주통

난고 선생 관풍헌 향시 장원

난고의 내성〔영월의 옛 이름〕 동쪽에서 장원을 하니
출중한 문장은 누가 또 있으리오.
논설은 당당하여 경구를 이르렀고
명성은 자자하여 선풍에 이르도다.
정가산 수절을 선양하는 속에
부사〔난고의 조부 선천부사〕 투항을 질책하는 중이라.
어찌 자신이 선조의 일을 알리요
이에 방랑은 각 지방에서 김삿갓으로 통하더라.

난이 평정된 뒤 김익순은 모반죄로 처형 당하고 그 집안은 풍비박산이 나고 말았다. 삼족을 멸하는 화는 면했지만 역적의 자손이라 고향에서 살아갈 수가 없어 강원도 영월 땅으로 이사하여 지방 향시에 장원으로 급제하여 집으로 와 시제를 어머니가 알고는 하늘이 무너지는 죄상을 알고 조상을 볼 수 없어 평생 동안 삿갓을 쓴 것이다.

● 折桂 : 계수나무를 꺽는다는 뜻으로 과거급제의 장원.

讀埋香碑所感

埋碑探讀感懷長　매비탐독감회장
結契千人處處彰　결계천인처처장
祈禱民安期永世　기도안민기영세
希求國泰壽今王　희구국태수금왕
下生彌勒獻香赫　하생미륵헌향혁
當遇龍華聽覺望　당우용화청각망
賴此修行成妙果　뢰차수행성묘과
天宮福祿享無量　천궁복록향무량

사천 매향비 소감

매향비를 탐독하니 감회가 길어지고
수천 명이 계를 하여 곳곳에서 빛나더라.
국민이 편안하고 영세 기약을 기도하고
나라가 태평하고 지금 왕의 수를 바라고 구하더라.
아래로 彌勒을 만나면 향기가 드리니 빛나게 되고
마땅히 龍華를 만나서 깨달음 듣기를 바라더라.
이에 힘입어 修行하면 妙果에 이르니
천궁 복록을 누리기에 헤아림이 없더라.

보물 제614호 비신 높이 1.6m 너비 1.3m. 비는 1387년(우왕 13)에 세워졌다. 비문은 전체 15행에 202자를 각자(刻字)하였으며, 달공(達空)이 비문을 짓고 수안(手安)이 비문을 썼으며, 김용(金用)이 명문 각자하였고 대화주(大化主) 각선(覺禪)이 편안하도록 지킨다고 하였다. 이 석비는 장방형 자연석을 그대로 이용하여 비문을 각자하였으므로 비면(碑面)이 자연면 그대로 굴곡이 많다. 따라서 글자 크기가 같지 않고 정간(井間 간살)도 없어서 가로·세로가 맞지 않으며 자수(字數) 또한 각 행마다 같지 않게 되어 있으나 글자 모두 고졸(古拙 예스럽고 아담한 멋이 있어)하여 당시의 지방자체(地方字體) 연구에 귀중한 자료이다.

讀牧隱先生觀魚臺小賦有感

魚臺小賦讀而知　어대소부독이지
牧隱生平志莫移　목은생평지막이
鷙鳥孤飛天畔際　지조고비천반제
長鯨群戲海波時　장경군희해파시
可料卓越文章伯　가료탁월문장백
能識隆崇道德師　능식융숭도덕사
不事二君持操確　불사이군지조확
悠悠自適浩然期　유유자적호연기

영해 관어대

관어대 소부를 읽어서 알고 있으니
목은 선생이 평생토록 뜻을 옮기지 않았도다.
사나운 새는 하늘가에 외로이 날아가고
큰 고래들은 바다 파도에 떼를 지이 놀더라.
탁월한 문장은 우뚝하여 또 헤아리고
융숭 도덕은 스승으로 능히 알도다.
불사이군의 지조가 확실하니
유유자적 호연을 기약 하리라.

● 觀魚臺 : 소부는 영해 바닷가에서 목은 선생이 개성을 떠나 바다에 있는 각종 물고기가 평화롭게 노는 모습이 자신을 비유하는 모습으로 유유자적하면서 시를 지음.

讀御製詩有感

緬憶前朝國運橫　면억전조국운횡
肅宗御製感歎情　숙종어제감탄정
吉星朗照漢陽址　길성랑조한양지
黑霧暗遮松鶴城　흑무암차송학성
萬古忠誠無惜命　만고충성무석명
千秋節義不貪生　천추절의불탐생
尊賢意味文中著　존현의미문중저
圃老芳名日月明　포노방명일월명

숙종대왕 시 유감

면억 고려의 나라가 국운이 비끼니
숙종 임금의 어제 시에 감탄하는 정이더라.
상서로운 별은 한양의 터에 비치고
검은 안개는 송학의 성에 가리더라.
만고 충성에 목숨을 아낌이 없고
천추 절의는 생을 탐하지 않더라.
높고 어진 의미가 글 가운데 나타나니
포은 선생 방명이 일월에 밝더라.

登觀海亭有感

觀亭好日獨登臨　　관정호일독등임
周看鶴山秋景尋　　주간학산추경심
歲月苔階金闕靜　　세월태계금궐정
風霜杏樹玉堂深　　풍상행수옥당심
廟前每若論倫理　　묘전매약논윤리
堂內恒如講道心　　당내항여강도심
韻士泮宮爭律裡　　운사반궁쟁율리
眉翁文穆古賢欽　　미옹문목고현흠

관해정 유감

좋은날 관해정에 홀로 등임하니
무학산을 두루 바라보며 추경을 찾더라.
세월의 이끼 계단에는 금궐이 고요하고
풍상에 은행나무에는 옥당이 깊더라.
사당 앞에는 매일 윤리를 논하는 것 같고
당 안에는 항상 도심을 강하는 것 같더라.
반궁에는 운사들이 시를 경쟁하는 속에
미수 선생과 한강 선생의 옛 현인에 흠모하더라.

무학산 계곡 일대에 관해정이 자리 잡고 있다. 회원서원은 조선 중기 학자 한강 정구(1543~1620)를 추모하는 뜻으로 그의 제자들이 세웠던 곳이다. 조선 고종(재위 1863~1907) 때 홍선 대원군의 서원철폐령으로 없어지고 지금은 관해정만 남아 있다.

- 萬殊 : 각양각색 모양.
- 泮宮 : 주대에 제후의 도읍에 설립한 대학.
- 文穆 : 한강 정구 선생 시호.
- 眉叟 : 허목 선생의 호.

登搜勝臺樂水亭

搜勝臺陟感風流　수승대척감풍류
周覽山川景色幽　주람산천경색유
探訪儒賢須起興　탐방유현수기흥
別離使節亦含愁　별리사절역함수
龜岩院內文章赫　구암원내문장혁
樂水樓邊講學求　요수루변강학구
退老葛川曾愛此　퇴노갈천증애차
天功神秘展江頭　천공신비전강두

거창 수승대 요수정

수승대 오르고 보니 풍류를 느끼는데
산천을 두루 보니 경색이 그윽하도다.
유현들이 탐방하니 모름지기 흥이 일어나고
사신이 이별하니 또한 근심을 머금더라.
구암원 내에는 문장이 빛나고
요수루 변에는 강학을 구하더라.
퇴계와 갈천 선생이 일찍이 이곳을 사랑하니
천공의 신비함이 강 머리에 펼쳐지더라.

이곳은 경상남도 거창군 위천면 황산리 황산마을 앞 구연동이다. 삼국시대에는 신라와 백제의 국경지대였고 조선 때는 안의현에 속해 있다가 일제 때 행정구역 개편으로 거창군에 편입되어 오늘에 이른다. 수승대는 삼국시대 때 백제와 신라가 대립할 무렵 백제에서 신라로 가는 사신을 전별하던 곳으로 처음에는 돌아오지 못할 것을 근심하였다 해서 근심 수(愁), 보낼 송(送) 자를 써서 수송대(愁送臺)라 하였다.

望雉岳山追慕耘谷元[天錫]先生

隱遁耘翁雉岳東　은둔운옹치악동
望看追想卒斯中　망간추상졸사중
廉如嚴子頌無極　염여엄자송무극
節似伯夷稱不窮　절사백이칭불궁
罔僕名聲千歲赫　망복명성천세혁
採薇意志萬年功　채미의지만년공
丹心一片誰無仰　단심일편수무앙
百代之師敬慕同　백대지사경모동

치악산 운곡 선생

운곡 선생께서 치악산 동쪽에 은둔하고 있는데
옛 고려를 생각하다가 이 가운데 졸하도다.
청렴은 엄자와 같아서 칭송이 다함이 없고
절개는 백이와 같아서 칭친이 다함이 없너라.
망복의 명성은 천세에 빛나고
채미의 의지는 만년에 공이더리.
일편단심은 누가 우러러보지 않으리요
백 대의 스승을 경모하는 것이 같더라.

鳴梁大捷

鳴梁大捷讚揚宜　명량대첩찬양의
救濟邦家累卵危　구제방가루란위
突進龜船殲敵日　돌진구선섬적일
擊沈敵艦樹勳時　격침적함수훈시
斥倭壯志魚龍感　척왜장지어용감
輔國忠情日月知　구국충정일월지
必死則生扶社稷　필사즉생부사직
黎民被澤永年思　여민피택영년사

진도 명량대첩

명량대첩을 찬양하는 것이 마땅하니
방가의 누란을 위기에서 구제하더라.
구선으로 돌진하니 적을 섬멸하는 날이요
적함을 격침하니 공훈을 세우는 때더라.
왜놈을 물리치는 장지는 어용도 감동하고
보국의 충정은 일월이 알아보더라.
필사 즉생으로 사직을 붙잡으니
여민들은 은택에 힘입어 영원히 생각하더라.

1597년 정유재란이 일어나자 원균(元均)이 거느린 조선 수군은 대부분 패하였다. 이에 그 해 7월 22일 유성룡(柳成龍) 등의 간곡한 건의로 다시 삼도수군통제사(三道水軍統制使)로 임명된 이순신은 휘하 군사들의 전열을 재정비하였다. 그러나 당시 군중에 남아 있던 쓸만한 전선(戰船)은 칠천량 해전에서 배설(裵楔) 장군이 탈출시킨 12척에 불과하였다. 여기에 일반 백성들이 나중에 가져온 한 척이 더해져서 13척이 되었다. 이때 일본 수군은 한산섬을 지나 남해안 일대에 침범하면서, 육군의 육상 진출과 동시에 해전에서 싸운 전투이다.

訪覺林寺址有感

覺林寺址訪佳辰　각림사지방가진
景觀荒凉百感新　경관황량백감신
學習太宗修正道　학습태종수정도
隱居耘谷遠囂塵　은거운곡원효진
伯夷共伴漁樵樂　백이공반어초락
巢父嘗從翰墨親　소부상종한묵친
軒駟千鍾終不赴　헌사천종종불부
淸廉高節自由身　청렴고절자유신

각림사지 유감

각림사지를 좋을 때에 방문하니
황량한 경관에 백감이 새롭더라.
태종대왕의 학습은 바른 길을 닦고
운곡 은거에 시끄러운 티끌을 멀리하더라.
백이를 함께 짝하여 어초를 즐기고
소부를 일찍 좇아 한묵과 친하더라.
천종에 높은 벼슬도 마침내 달려가지 않으니
청렴고절에 몸은 자유가 되더라.

訪教育都市居昌

勝地居昌促步尋　승지거창촉보심
校風振作感懷深　교풍진작감회심
公庠汲汲新書究　공상급급신서구
私塾孜孜古賦吟　사숙자자고부음
墳典磋磨培學士　분전차마배학사
菁莪募集養儒林　청아모집양유림
英材輩出圖謀裡　영재배출도모리
到處惟聽講讀音　도처유청강독음

교육도시 거창

승지거창에 걸음을 재촉하여 찾으니
교풍 진작이 감회가 깊더라.
공상〔학교〕은 쉬지 않고 새로운 글을 연구하고
사숙〔서당〕은 부지런히 옛 시를 읊더라.
분전을 연마하여 학사를 증가시키고
청아를 모집하여서 유림들이 기르더라.
영재 배출을 도모하는 속에
도처에 오직 강독의 소리를 듣더라.

訪屛山書院

探訪屛山書院時　탐방병산서원시
先生學德仔詳知　선생학덕자상지
安民智略千秋相　안민지략천추상
濟世經綸萬世師　제세경륜만세사
竭力驅倭鴻業振　갈력구왜홍업진
至誠輔國大功遺　지성보국대공유
輝煌懿蹟垂靑史　휘황의적수청사
懲毖名文感歎思　징비명문감탄사

병산서원 방문

안동 병산서원을 탐방할 적에
선생 학덕을 자상하게 알더라.
안민에 슬기로운 것은 천추에 재상이요
세상을 다스리는 경륜은 만세의 스승이더라.
힘을 다하여 왜구를 몰아서 홍업을 떨치고
정성을 다하여 큰 이름을 남기셨더라.
휘황 의적은 청사에 드리우니
징비록의 명문장은 감탄으로 생각하더라.

징비록[懲毖錄] : 조선 중기의 문신 유성룡이 임진왜란 동안에 경험한 사실을 기록한 책. 16권 7책으로 된 목판본이다. 이 책은 1969년 11월 7일에 국보 제132호로 지정되었다. 별칭 초본징비록(草本懲毖錄)의 제목인 '징비'는 『시경』 소비편의 "여기징 이비후환(予其懲 而毖後患)" 즉 "미리 징계하여 후환을 경계한다"는 뜻. 조선 선조 때 영의정을 지낸 바 있는 서애 선생 저술.

訪忠孝之鄕永川

永陽自古魯鄒鄕　영양자고노추향
往蹟回思感慨長　왕적회사감개장
圃老貞忠千歲赫　포노정충천세혁
文翁至孝萬年芳　문옹지효만년방
許多史蹟功名載　허다사적공명재
無數祠堂節義揚　무수사당절의양
先哲遺風終不息　선철유풍종불식
斐然德化亦難忘　비연덕화역난망

충효 고향 영천 방문

영양〔영천의 고어〕은 옛날부터 공맹의 고향인데
지난 일을 생각하니 감개가 새롭더라.
포노의 정충은 천세토록 빛나고
문옹의 지효는 만년 동안 아름답더라.
허다한 사적에는 공명이 실려 있고
무수한 사당에는 절의가 날리더라.
선철의 유풍은 마침내 쉬지 아니하니
찬란한 덕화를 또한 잊기가 어렵더라.

拜謁道南書院

首宮院屹尙州東　수궁원흘상주동
宗匠九賢鄒魯同　종장구현추로동
晩菊圍祠霑玉露　만국위사점옥로
早楓掩屋帶淸風　조풍엄옥대청풍
沈潛墳典仁儀展　침잠분전인의전
撫育菁莪學脈通　무육청아학맥통
拜謁儒林崇慕裡　배알유림숭모리
傳來詩會續無窮　전래시회속무궁

상주 도남서원 방문

수궁원〔도남서원〕이 상주 동쪽에 우뚝 솟으니
종장 구현이 추로와 같더라.
늦은 국화는 사당에 둘리어 옥로에 적시고
이른 단풍은 집을 가리어 청풍을 대하더라.
분전은 침잠하여 인과 의를 펼치고
청아무육에 학맥이 통하더라.
유림이 배알하여 숭모하는 속에
전해오는 시회가 무궁히 이어지더라.

도남서원 : 1606년(선조 39) 상주시 도남동에 창건되었으며, 1676년(숙종 2) 임금으로부터 편액을 받아 사액서원이 되었다. 1797년(정조 21) 동·서재를 건립하였으며, 이후 여러 차례 중수하였다. 1871년 흥선대원군의 서원철폐령으로 훼철되었으나, 1992년 지역 유림들이 힘을 모아 강당 등을 건립하였고, 이어 동·서재를 지었다. 2002년부터 대규모의 복원이 이루어졌다. 경내에는 도정사, 손학재, 민구재, 정허루, 장판각, 전사청, 영귀문, 고직사, 일관당, 입덕문 등이 들어서 있으며, 해마다 음력 2월과 8월 하정일(下丁日)에 위패를 봉안하고 있는 인물들에게 제사를 지낸다.

三別抄裵仲孫將軍對蒙抗爭史

抗爭裵將幾經年　항쟁배장기경년
不屈精神孰不虔　불굴정신숙불건
粉骨碎身防國勉　분골쇄신방국면
臥薪嘗膽討蒙聯　와신상담토몽련
捨生取義丹心固　사생취의단심고
就死成仁大節全　취사성인대절전
珍島偉功垂竹帛　진도위공수죽백
千秋血史讚揚傳　천추혈사찬양전

삼별초 배중손 장군 대몽 항쟁사

배중손 장군의 몽고 항쟁이 몇 년이나 되었는고
불굴 정신을 누가 공경하지 아니하리오.
분골쇄신으로 나라 방위에 힘쓰고
와신상담으로 몽고 토벌에 이어지더라.
생을 버리고 의를 취해 단심이 굳어지고
죽음에 나가 인을 이루니 대절이 온전하더라.
진도에서 위공을 죽백에 드리우니
천추 혈사에 찬양을 전하더라.

聖雄李舜臣將軍戰功讚揚

聖雄忠武感歎長　성웅충무감탄장
海戰龍蛇日似光　해전용사일사광
砲發龜船全力鬪　포발구선전력투
彈加敵艦至心防　탄가적함지심방
滅倭獻命譽無盡　멸왜헌명예무진
救國窮忠名不彰　구국궁충명불창
懿蹟煌煌垂竹帛　의적황황수죽백
後人蒙惠永年芳　후인몽혜영년방

영웅 이순신 장군

英雄〔忠武公 諡號〕 이순신 장군의 감탄이 길어지니
임진 해전에 찬양함이 해와 같이 빛나더라.
거북선으로 포를 발사하여 전력으로 싸우고
적함에 실탄을 퍼부어 지심으로 방어하더라.
왜군 멸하고 목숨 받쳐 명예를 다함이 없고
나라 구하고 충 다하고도 이름이 드러나지 않았더라.
의적 황황은 죽백에 드리우니
후인들이 은혜 입으니 영원토록 꽂다우리라.

崇慕牧隱先生道學思想

牧翁道學闡吾東　목옹도학천오동
泰斗宗師孰有同　태두종사숙유동
博德隆崇爲世鑑　박덕융숭위세감
高才卓越振儒風　고재탁월진유풍
文章早冠元朝內　문장조관원조내
忠節尤高槿域中　충절우고근역중
罔僕丹心長守義　망복단심장수의
亦兼思想六書通　역겸사상육서통

목은 선생 학덕 찬양

목은 선생의 도학이 우리나라를 일으키니
태두종사에 누가 같음이 있으리오.
박식하고 높은 덕은 세상에 거울이 되고
높은 재주는 훌륭하여 선비에 떨치더라.
문장은 일찍이 원나라 안에서 우뚝하고
충절은 더욱 우리나라 가운데 높더라.
망복 단충은 오랫동안 의를 지키니
또 사상 겸하여 사서삼경에 통하더라.

• 泰斗 : 태산과 북두칠성. 어떤 분야에서 빼어나 사람들이 우러러 보는 존재. 어떤 분야의 권위자를 뜻함.
• 罔僕 : 망국의 신하로서 충절 의리를 지켜 새로운 나라의 신하가 되지 않으려는 절개의 의미.

謁耘谷[元天錫]先生墓

耘翁墓在雉山原　운옹묘재치산원
鬱密靑松與碣存　울밀청송여갈존
後學焚香思勁志　후학분향사경지
先王賜額慰英魂　선왕사액위영혼
無雙廉德千秋仰　무쌍염덕천추앙
不二貞心百世尊　불이정심백세존
懿蹟遺風多感動　의적유풍다감동
芳名往史盡難言　방명왕사진난언

운곡 선생 묘 참배

운옹의 묘소가 치악산 언덕에 있고
울밀한 청송이 비갈과 더불어 있도다.
후학이 분향하여 경지를 생각하고
선왕은 시액하여 영혼을 위로 했나네.
무쌍의 청렴한 덕은 천추에 우러러보고
불이 정신은 백세토록 존중하더라.
의적 유풍으로 감동이 많이 있으니
지난 역사의 꽃다운 이름은 말로 다하기가 어렵더라.

仰慕書聖金生

書聖金翁愛墨香　서성김옹애묵향
交流四友不離床　교류사우불리상
右軍壓倒千秋著　우군압도천추저
松雪欽歎八法藏　송설흠탄팔법장
太子塔碑傳大闕　태자탑비전대궐
盧山詩草赫斯鄕　노산시초혁사향
驚神字劃何無頌　경신자획하무송
仰慕騷人永不忘　앙모소인영불망

서성 김생을 생각함

서성 김생 선생이 묵향을 사랑하니
문방사우를 교류하며 책상을 떠나지 않았네.
우군〔왕희지〕을 압도하여 천년에 나타나고
송설〔조맹부〕을 흠탄함은 팔법에 감추었네.
태자탑비〔김생 글씨〕는 대궐에 전하고
노산시 초서〔김생 시문〕는 이 고을〔충주〕에 빛나네.
귀신을 놀라게 하는 자획은 어찌 칭송함이 없으리요
앙모하는 소인들은 영원히 잊지 못하더라.

우리나라 역대 서예가 중 최고의 명필은 신라 사람 김생이었다. 동국이상국집은 중국인들이 서성(書聖)이라고 불리는 왕희지와 동급에 올렸던 김생이 마땅히 신품의 제1인자로 꼽혀야 한다고 했으며 동서당집고첩발은 "창림사비 발문에 신라의 승려 김생이 쓴 그 나라 창림사 비는 자획이 대단히 전형적이어서 당나라 사람의 이름난 비각이라도 이보다 훨씬 뛰어날 수는 없을 것이다. 옛말에 어느 땅엔들 재주 있는 사람이 나지 않겠느냐고 한 것이 참으로 맞는 소리라고 했다. 삼국사기는 김생이 711년 태어났고 부모가 한미해 집안 내력을 알 수 없다고 서술했다. 고려 최씨 무신정권의 2대 세습자 최우는 글씨에서 따라올 이가 드물었다. 그는 최씨 무신정권을 탄생시킨 최충헌의 아들로 절대 권력을 휘둘렀지만 해서와 행서, 초서 모두에서 독보적이었다. 동국제현서결평론서병찬은 명필 기상국(奇洪壽)이 최우의 대관전(大觀殿) 편액을 보고 신품이라고 칭송했다"고 적었다.

• 友軍 : 왕희지 지칭.　• 松雪 : 조맹부.

外孫奉祀六百年

逝去林翁六百年　서거임옹육백년
外孫奉祀朴孫全　외손봉사박손전
古風固守羹墻盡　고풍고수갱장진
先業能承俎豆宣　선업능승조두선
秋享無窮追慕席　추향무궁추모석
春尋不絶報恩筵　춘심불절보은연
儒林槿域孰無頌　유림근역숙무송
禮俗兩門千代傳　예속양문천대전

외손봉사 600년

임옹 서거가 육백년 되었는데
외손봉사로 충주 박씨 밀양 손씨가 온전하더라.
고풍을 고수하여 갱장을 다하고
선업을 계승하여 조두가 마땅하도다.
추향에 다함이 없이 추모하는 자리요
봄 제시기 끊이지지 않으니 보은의 자리더라.
근역에 유림들이 누가 칭송하지 않으리요
양 문중의 예속이 천대에 전하리라.

願雄府繁榮

雄府安東吉運迎　　웅부안동길운영
道廳移轉願繁榮　　도청이전원번영
樓臺櫛比連新市　　루대즐비연신시
文物豊饒滿古城　　문물풍요만고성
四野農夫收穀興　　사야농부수곡흥
千家詩客誦吟聲　　천가시객송음성
精神禮義宣揚處　　정신예의선양처
永世無窮熱氣盈　　영세무궁열기영

안동 웅부 번영

웅부 안동이 길운을 맞이하니
도청 이전으로 번영을 원하리라.
즐비한 누대에는 신도시를 이루고
풍요한 문물은 고성에 가득하더라.
사야에 농부는 곡식을 거두니 흥이 나고
천집에 시객들은 읊는 소리를 전하더라.
예의 정신을 선양하는 속에
영세 무궁의 열기가 가득차리라.

願平和統一

痛哉半島兩分時　통재반도양분시
相鬪弟兄誰不悲　상투제형수불비
減縮國防千客樂　감축국방천객락
解消軍費萬人知　해소군비만인지
鴻溝除去皆成本　홍구제거개성본
南北交流亦作基　남북교류역작기
統一平和祈願裡　통일평화기원리
雲仍幸福必然期　운잉행복필연기

남북통일 원함

슬프도다! 한반도가 양쪽으로 나누어지니
형제가 싸우니 누가 슬프지 않으리오.
국방 감축으로 천객들이 즐거워하고
군비 해소에는 만인들이 알더라.
홍구를 제거하니 근본을 이루고
남북이 교류하니 또한 통일의 토대를 만들더라.
평화 통일을 빌고 원하는 속에
먼 후대까지 행복을 반드시 기약하리라.

- 鴻溝 : 홍구 위계를 경계로 천하를 양분하여 서쪽은 유방의 한나라 영토로 하고, 동쪽은 초나라 영토로 삼는다는 것이다[鴻溝 以西者爲漢 以東者爲楚].
- 雲仍 : 먼 후대의 자손.

偉哉忠武公泗川海戰

偉哉忠武我東生　위재충무아동생
大捷泗川功大成　대첩사천공대성
火砲攻擊乘勝勢　화포공격승승세
龜船突進振歎聲　구선돌진진탄성
倭奴殲滅名賢到　왜노섬멸명현도
社稷維持死力傾　사직유지사력경
累卵危機能救國　누란위기능구국
凱旋當日摠歡迎　개선당일총환영

충무공 사천 해전

위재라 충무공이 이 나라에서 태어나시니
사천 대첩에 공을 크게 이루도다.
화포 공격으로 승세를 타고
구선 돌진으로 탄성을 떨치더라.
왜노 섬멸은 명현에 이르고
사직 유지에 사력을 기울이더라.
누란 위기에 능히 나라를 구하니
개선 당일에 총 환영하더라.

임진왜란 때 이순신이 이끄는 조선 수군이 사천 앞바다에서 일본 수군을 물리친 싸움. 거북선을 최초로 이용한 해전이다. 1592년(선조 25) 5월 29일, 이순신이 거북선을 포함한 전선 23척을 이끌고 노량으로 향하던 출발지다.

毅岩柳麟錫先生學德

毅老嗟磨是紫陽　의노차마시자양
影堂拜謁感懷長　영당배알감회장
隆崇德業千秋赫　융숭덕업천추혁
振作文風萬世香　진작문풍만세향
偉蹟仰欽思古士　위적앙흠사고사
高名傳播達遐鄕　고명전파달하향
華西學脈尤承裡　화서학맥우승리
餘音遺風豈敢忘　여음유풍기감망

의암 류인석 선생 학문

의노 선생이 자양서당〔堤川 紫陽書堂〕에서 공부를 하니
영당을 배알하니 감회가 길더라.
덕업은 융숭하여 천추에 빛나고
문풍 진작은 만세의 향기롭너라.
위적을 앙흠하여 옛 선비를 생각하고
고명을 전파하여 먼 교향〔春川 柯亭里〕에 통하더라.
화서〔李恒老선생〕학맥을 더욱 받드는 속에
여음 유풍을 어찌 감히 잊으리오.

- 餘音 : 소리가 사라지거나 거의 사라진 뒤에도 아직 남아 있는 음향(音響).
- 遺風 : 후대에 끼친 풍속.

正祖大王孝行及偉績懷古

正祖登極昔何時　정조등극석하시
大孝根天孰不知　대효근천숙불지
曾閔衷心扶世道　증민충심부세도
舜堯至德鞏邦基　순요지덕공방기
平平布政精誠想　평평포정정성상
蕩蕩任官實用思　탕탕임관실용사
好學遺書傳史錄　호학유서전사록
生前做業燦然期　생전주업찬연기

정조대왕 효행

정조대왕께서 옛날 어느 때에 등극 했는고
대효 근천을 누가 알지 못하리오.
증민 충심에 세도를 붙들고
순요 지덕에 나라의 터를 굳게 하더라.
평평 포정은 정성으로 생각하고
탕탕 임관은 실용을 생각하더라.
학문과 유서는 사록에 전하는데
생전에 주어진 업이 찬연을 기약하리라.

조선 22대 임금 정조대왕은 역대 왕들 중에서도 효행이 뛰어난 임금이고, 정조의 효행은 차성 능행로라는 궁중기록화에 잘 나타나 있다. 서쪽에는 정조의 아버지인 사도세자의 능이 있는데 살을 박은 형태로 세워 경의를 표하는 곳이라는 의미를 지닌 문이다. 정조대왕이 아버지 사도세자의 명복을 빌기 위해 용주사에 효성전을 건립하였다.

- 曾閔 : 증자와 민자. 효의 실천자.
- 堯舜 : 요임금과 순임금.
- 蕩蕩 : 사사로운 마음이 없는 모양.
- 平平 : 정조의 탕평 정책.

題于勒文化祭

于勒追思祝祭眞　우륵추사축제진
絃歌十二感懷新　현가십이감회신
人間第一惟稀事　인간제일유희사
天下無雙最重珍　천하무쌍최중진
達水蒼波調和聽　달수창파조화청
琴臺碧樹節奏均　금대벽수절주균
願言賴此興文化　원언뢰차흥문화
承繼千秋偉業伸　승계천추위업신

우륵 문화제

우륵 선생 축제를 진실로 생각하니
열두 줄의 현악기 감회가 새롭더라.
인간으로는 제일로 오직 드문 일인데
천하에 무쌍으로 최고로 중한 보배로다.
달래강 푸른 파도와 조화롭게 들리고
탄금대의 푸른 나무는 절주가 고루더라.
이에 힘입어 문화가 흥하기를 원하니
천추토록 승계하여 위업이 펼치리라.

우륵은 490년경 대가야의 직할 현인 성열현에서 태어났다. 우륵의 고향인 성열현은 정치 문화적으로 발달된 지역이었고, 중앙 세력 즉 대가야의 왕명이 직접 하달되는 곳이었다. 성열현이 현재 어느 지역에 해당하는지에 대해서는 확실하지가 않다. 지금의 경남 의령군 부림면, 대구시 동구 불로동 일대 고령군 고령읍 쾌빈리 일대 등으로 추정되고 있을 뿐이다. 우륵을 발탁한 인물은 대가야의 가실왕(嘉悉王)이다. 『삼국사기』에 따르면 성열현의 악사(樂師) 우륵이 가실왕의 부름을 받고 대가야의 왕경으로 입경하였다고 한다. 이때가 520년 초반으로 그의 나이 30대였다.

● 絃歌 : 현악기를 타며 노래함.

朝明軍塚慰靈

島夷狡猾犯吾東　도이교활범오동
協力朝明救國同　협력조명구국동
守護黎民堅防備　수호여민견방비
保存社稷禦侵攻　보존사직어침공
奪城氣魄衝天義　탈성기백충천의
盡命精神貫日忠　진명정신관일충
殉節魂靈誰不慰　순절혼령수불위
芳名懿蹟顯豐功　방명의적현풍공

조선 명나라 군총 위로

섬 오랑캐가 교활하여 동방을 침범하니
조선과 명나라가 협력하여 나라를 구하더라.
여민들이 수호하여 방비를 굳건히 하고
사직을 보존하여 침공을 막았더라.
성을 탈환한 기백은 의가 하늘을 찌르고
명을 다한 정신과 충성은 해를 관통하더라.
순절한 혼령을 누가 위로하지 않으리요
방명 의적은 의적으로 풍성한 공을 나타나리라.

경남 사천시 용현면 선진리 402번지 조명군총(朝明軍塚)은 조선조 선조(宣祖) 30년(1597) 1월에 왜적이 재침하여 일어난 정유재란. 당시 조명군총은 선조(宣祖) 25년(1592)에 임란 격전에서 벌어졌던 사천왜성이 막바지로 흘러가던 1598년 10월 1일 명나라 중로군 동일원 제독이 이끄는 조명 연합군이 사천 선진리 성에 주둔하고 있던 왜군을 물리치기 위해 출전하던 중, 화약고가 폭발하면서 수많은 조선과 명나라의 군사가 전사했던 곳이다.

讚國寶187號英陽鳳甘塔

鳳甘國塔屹如城　봉감국탑흘여성
推測羅時始造成　추측라시시조성
新固基壇矜技術　신고기단긍기술
稀存龕室振名聲　휘존감실진명성
特殊彫刻享千壽　특수조각향천수
纖細貌形呈百禎　섬세모형정백정
遺物長傳眞貴重　유물장전진귀중
應當管理盡精誠　응당관리진정성

영양 국보187호 봉감탑

영양 봉감에 국보 탑이 성과 같이 높은데
추측하건데 신라시대 때 처음으로 조성 되었도다.
새로운 기단은 굳건하여 기술을 자랑하고
드물게 감실이 있어 명성을 떨치더라.
특수 조각은 천수를 누리고
세밀한 보형은 백성을 나타나더라.
유물을 오래 전하니 참으로 귀중하고
응당 관리를 정성으로 다하더라.

봉감탑이 위치한 주변 밭에는 기와 파편과 청자 파편이 많이 흩어져 있을 뿐 사찰에 대한 문헌기록이나 전해오는 이야기들이 전혀 없다. 1930년대 아리야마 쿄우이치[有光教一]의 조사로 처음 알려졌으며, 1943년 스기야마 노부조[衫山信三]의 『조선의 석탑(朝鮮の石塔)』에 소개되면서 알려졌다. 이후 1981년과 1988년 해체보수가 이루어졌으며 1999년의 방수처리, 2000년의 기단 보수 등을 거쳐 현재에 이르고 있다.

讚旌善哦義郞

民謠旌善古同今　민요정선고동금
源韻七賢鄕此尋　원운칠현향차심
妙曲高低恒保唱　묘곡고저항보창
奇聲長短每聽吟　기성장단매청음
樵童打杖流幽谷　초동타장유유곡
汲女敲瓢響靜林　급여고표향정림
松嶽戀王承隱遁　송악연왕승은둔
佳詞傳達讚嘆深　가사전달찬탄심

정선아리랑

정선 민요는 고금과 같은데
칠현의 원음을 이 고향에서 찾았더라.
고저의 묘한 곡조는 항상 부르며 보존하고
장단의 기이한 소리는 매일 음으로 듣더라.
초동은 지팡이를 두드리니 골짜기에 흐르고
물 긷는 부인의 표주박 소리는 정림에 울리더라.
송악의 임금을 사랑하며 은둔으로 이어지니
가사 전달에 찬탄이 깊더라.

고려 말엽, 조선 창업을 반대한 고려 유신(遺臣) 72명이 송도(松都, 개성) 두문동(杜門洞)에 숨어 지내다가 그 중 전오륜을 비롯한 7명이 정선(南面 瑞雲山 居七賢洞)으로 은거지를 옮기고 고려왕조에 대한 충절을 맹세하며 여생을 산나물을 뜯어먹고 살았다. 이들은 당시 고려왕조에 대한 흠모와 두고 온 가족과 고향에 대한 그리움, 외롭고 고달픈 심정 등을 한시로 지어 읊었는데, 뒤에 세인(世人)들이 이를 풀이하여 부른 것이 정선아리랑의 기원이 되었다고 한다.

讚堤川乙未義兵

青羊倡義始堤州　청양창의시제주
活動先驅度幾秋　활동선구도기추
盡力殲倭常劃策　진력섬왜상획책
獻身救國每圖謨　헌신구국매도모
夜攻晝探忠貞起　야공주탐충정기
露宿風餐憤怒流　노숙풍찬분노류
偉蹟毅菴垂竹帛　위적의암수죽백
紳衿雲集讚非悠　신금운집찬비유

을미년 제천의병

청양〔을미년〕 창의를 제천에서 시작하니
먼저 활동에 몇 가을이 되었는고.
힘을 다하여 왜놈을 무찌르기를 항상 획책하고
몸을 받지고 나라를 구하는데 배번 도모하너라.
야공 주탐으로 충정을 일으키고
노숙 풍친으로 분노가 흐르디라.
의암〔류인석 장군〕 위적이 죽백에 드리우니
신금들의 운집을 찬양함이 멀지 않더라.

讚天惠明堂蘭皐墓

蘭皐此處覆銘旌　난고차처복명정
天惠明堂日照明　천혜명당일조명
獐頸青龍凝瑞氣　장경청용응서기
馬山白虎振芳名　마산백호진방명
君民保護傾全力　군민보호경전력
次胤遷移盡至誠　차윤천이진지성
碑墓儒林參拜裡　비묘유리맘배리
鍾靈幽宅後孫榮　종령유택후손영

명당 난고 묘

난고선생이 이곳에 명정을 덮으니
천혜 명당에 해가 비쳐 밝더라.
장경에 좌청룡은 서기에 엉기고
마산에 우백호는 방명에 떨치더라.
군민들이 보호에 전력을 기울이고
차남 천장에 지성을 다하더라.
유림들이 비와 묘에 참배하는 속에
신령이 모인 유택에 후손들이 영화롭더라.

天賜吉地文秀山

文山薤露落銘旌　문산해로낙명정
天賜明堂吉地明　천사명당길지명
後裔世居增偉績　후예세거증위적
先賢遷葬振芳名　선현천장진방명
羹墻晝夜傾精力　갱장주야경정력
俎豆春秋盡至誠　조두춘추진지성
右虎左龍安息處　우호좌룡안식처
仍孫華閥永繁榮　잉손화벌영번영

포은 선생 묘 명당

문수산 상여소리에 명정이 떨어지니
하늘이 준 명당이 길지가 분명하네.
후예들의 세거에 위적을 더하고
선현 천장은 방명에 떨치더라.
주야 갱장은 정력을 기울이고
춘추 조두는 지성을 다하너라.
우 백호 좌 청룡의 안식처에
화벌은 잉손까지 영원히 번영하리라.

• 薤露 : 상여가 나갈 때 부르는 소리. 사람의 목숨이 염교잎 위의 이슬과 같아서 쉽사리 없어진다는 뜻.

春日訪溪上學林

溪上學林春日尋　계상학림춘일심
復元舊宅送光陰　복원구택송광음
昇堂詞伯若齊首　승당사백약제수
入室儒生如整襟　입실유생여정금
栗谷暫留探究樂　율곡잠유탐구락
聾巖頻訪講學欽　농암빈방강학흠
讀書撰述淵源處　독서찬술연원처
未謁夫子寂寞心　미알부자적막심

봄날 계상서당 방문

계상학림〔서당〕을 봄날에 찾으니
구택을 복원함은 광음을 보내더라.
당의 사백은 머리를 가지런히 한 것 같고
집의 유생은 옷깃이 잘 정돈된 것 같더라.
율곡이 잠시 머물러 탐구하니 마음이 즐겁고
농암이 방문하여 학문을 논하니 공경스럽도다.
독서와 찬술에 연원이 있는 곳에
부자〔퇴계 선생〕를 만나지 못하니 마음이 쓸쓸하더라.

忠武公李舜臣

元勳忠武古今明　원훈충무고금명
大亂龍蛇敬慕情　대란용사경모정
建造龜船垂偉績　건조구선수위적
殄殲倭賊振功名　진섬왜적진공명
堂堂義氣安民在　당당의기안민재
烈烈忠心救國行　열렬충심구국행
海上戰爭皆百勝　해상전쟁개백승
千秋社稷太平成　천추사직태평성

충무공 이순신

이순신 장군의 큰 공이 고금에 밝히니
임진 대란에 경모하는 정이더라.
거북선 건조에 위적을 드리우고
왜적 섬멸에 공명을 떨치더라.
당당한 의기는 백성의 편안함에 있고
열렬한 충심은 나라 구하는데 행하더라.
해상 전쟁을 모두 백승하니
천추 사적은 태평을 이루도다.

圃隱文化祭十週年有感

舉行祝典幾經年　거행축전기경년
圃老羹牆俎豆延　포노갱장조두연
壯節宣揚騷客會　장절선양소객회
貞忠仰慕祭官連　정충앙모제관연
濟民懿志先師效　제민의지선사효
救國衷心後進鞭　구국충심후진편
不事二君千載赫　불사이군천재혁
遺風偉蹟口碑傳　유풍위적구비전

포은 문화제 10주년

포은문화재의 거행이 몇 해가 되었는가
포은 선생이 갱장 조두로 이끌도다.
장절의 선양으로 소객들이 모이고
정충 앙모에 제관들로 이어지더라.
제민 의지는 선사를 본받고
구국 충심은 후진에게 질책하더라.
불사이군은 천년에 빛나니
유풍 위적이 구비로 전하리라.

포은(圃隱) : 정몽주 선생의 호(號). 포은 선생의 휘(諱)는 몽주(夢周)요, 자(字)는 달가(達可)이고, 본관은 영일정씨이다. 쓰러져가는 고려를 구하려고 죽음을 마다않고 선죽교에서 이방원(태종, 3대 임금)에게 피살되고 시신은 스님이 몰래 수습하고 후세에 복권되어 고향인 포항 또는 영천으로 오는 중 용인 능원리 근처에 상여가 휴식중 만장이 날아가고 또한 상여가 움직이지 않았고 만장이 떨어진 문수산 그 위치에 묘를 안장함.

豊沛之鄕泗川有感

豊沛呼稱已昔時　풍패호칭이석시
泗州昇格受恩知　사주승격수은지
父逢血肉成和樂　부봉혈육성화락
子覔根源得福祺　자멱근원득복기
報償公田蒙澤域　보상공전몽택역
施行薄賦作饒基　시행박부작요기
美談往事傳千歲　미담왕사전천세
能使騷人覺有奇　능사소인각유기

왕이 태어난 사천

풍패가 이미 옛날 때에 호칭되니
사주 승격은 은혜 받은 것을 알았더라.
아버지는 아들〔顯宗〕 혈육을 만나니 화락에 이르고
자식은 아버지〔王郁〕 근원을 찾으니 복기를 얻더라.
현종이 공전 보상함에 은택을 입은 지역이고
현종이 세금을 약하게 행하니 풍요로 사는 터전이더라.
왕사의 미담을 천년에 전하니
능히 소인으로 하여금 깨달은 바가 기이 하더라.

고려 8대 현종[6년, 1015년]으로 인하여 풍패지향으로 명명되어진 이곳 사천시가, 역사적으로 가장 상위 지명으로 불리던 시절이 사주로 승격되어 조선 태종 13년까지의 시기로서, 당시 사천 지역에 살던 조상들의 자긍심은 대단했으며, 그때의 명성과 영화를 다시 한 번 일으켜 보고자 하는데 의미가 있다. 풍패의 땅이란 中國 漢高祖 劉邦의 고향을 두고 하는 말이다. 우리나라에는 2곳이 있는데 全州는 이성계가 왕이 된 곳이고, 泗川은 현종을 두고 하는 말이다. 즉 왕이 태어난 곳이라 한다.

華城行宮回顧

緬憶行宮創建辰　면억행궁창건신
復元撤去感懷新　복원철거감회신
景龍館外臨高士　경용관외임고사
奉壽堂前到貴賓　봉수당전도귀빈
慕母禮儀開宴慰　모모예의개연위
思親痛恨望陵巡　사친통한망릉순
焉忘正祖殫誠孝　언망정조탄성효
可識生平雅志伸　가식생평아지신

화성 행궁 회고

아주 옛날 행궁을 창건할 때에
복원하고 철거함이 감회가 새롭더라.
경용관 밖에는 높은 선비들이 임하고
봉수당 앞에는 귀빈들이 이르더라.
어머니를 사모하는 예의는 잔치를 열어 위로하고
아버지의 통한은 능을 보며 순방을 찾았더라.
어찌 정조의 殫誠〔성심을 다함〕의 효를 잊겠는가.
가히 평생 아지〔평소의 뜻〕 펼침을 알겠노라.

정조[이산]는 25살의 나이로 조선의 제22대 임금으로 즉위하였으며, 생전에 부친 곁에 묻히고 싶어 하던 정조는, 아버지[사도세자]가 묻혀 있는 융릉의 옆[건릉(健陵)]에 안장하고, 어머니[혜경궁 홍씨] 진찬연을 8일간 봉수당에서 열었고 만수무강을 기원하였다.

懷古授勝臺

懷古黃山搜勝臺　회고황산수승대
四方絶景眼前開　사방절경안전개
先賢墨客無休到　선현묵객무휴도
後學詩人不絶來　후학시인불절래
洞鶴青松含瑞氣　동학청송함서기
龜岩碧水洗塵埃　구암벽수세진애
詩文耽讀難堪興　시문탐독난감흥
仙界逍遙返勿催　선계소요반물최

거창 수승대

황산〔거창의 古號〕 수승대를 회고하니
사방 절경이 눈앞에 펼쳐지더라.
선현의 묵객은 쉬지 않고 이르고
후학의 시인은 끊어지지 않고 오더라.
동학의 청송은 서기를 머금고
구암의 푸른 물은 진애를 씻어내더라.
시문 탐독에 흥이 다하지 않으니
신선세계에 소요하니 돌아감을 재촉하지 못하더라.

경남 거창 수승대는 국가지정 명승 제53호로 지정된 곳. 덕유산에서 흘러 맑은 물이 황산마을 앞에서 구연을 이루는 곳에 암각, 시문, 문화유적의 아름다운 경관이 주위에 많음.

回顧安於大東

播遷恭帝鶴山天　파천공제학산천
協力黎民送一年　협력려민송일년
公主人橋殫力伴　공주인교탄력반
君王扈駕盡忠緣　군왕호가진충연
路中苦痛臨寒雪　노중고통임한설
胸裡希望撤戰烟　흉리희망철전연
執政還宮施寵愛　집정환궁시총애
斐然懿蹟永無邊　비연의적영무변

공민왕 안동 피난

공민왕이 학가산 마을로 피난하였는데
여민들의 협력으로 일년을 편안이 보내도다.
공주를 인교함은 힘을 다하여 따르고
군왕을 모시는 것은 충을 다한 인연이라.
피난길의 고통은 추운 겨울에 하였고
가슴속에 바라는 것은 전쟁을 거두기를 바라더라.
환궁에 집정하여 총애를 베푸시니
비연 의적은 영원히 가변 없이 계속 이어지더라.

安於大東은 홍건적의 남침으로, 공민왕이 安東으로 파천한 것은 첫째는 거리가 멀고 慶北 내륙지방으로 小白山이 가로지르고 바다가 멀리 떨어져 있으며, 豊富한 농산물과 임금을 호종하는 장수들이 추천하여 가게 되었고, 住民들이 協力하여 一年동안 편안이 잘 보내시며 환궁하여 大東이라 하였고, 大東은 우리나라 큰 동쪽이라는 뜻이다.

懷古觀風軒端宗大王哀史

失位端宗別漢陽　　실위단종별한양
觀風哀史感懷長　　관풍애사감회장
登樓念願歸京闕　　등루념원귀경궐
依檻憎嫌謫所鄕　　의함증혐적소향
寤寐思妃常積淚　　오매사비상적루
晝宵怨叔亦添傷　　주소원숙역첨상
逆徒不禦寃薨逝　　역도불어원홍서
懷古悽然豈敢忘　　회고처연기감망

단종대왕 관풍헌 애사

왕위를 잃은 단종대왕이 한양과 이별하니
관풍헌 애사에 감회가 길더라.
누에 올라 대궐 귀경을 염원하고
난간에 의지하여 시골 적소를 미워하더라.
자나 깨나 왕비를 생각하여 항상 눈물이 쌓이고
주야로 숙부를 원망하니 또한 상심이 더하더라.
역도를 막지 못하고 홍서를 원망하니
처절함을 회고하니 어찌 감히 잊으리오.

단종은 청령포에서 2개월을 살다가 홍수 때문에 영월 시내에 있는 관풍헌으로 거처를 옮긴 다음 단종은 이곳에서 세조가 내린 사약을 받고 17년의 짧은 생을 마감한다.
관풍헌은 김삿갓[김병연]이 지방 예비과거 향시에 응시, 장원[詩題 ; 論鄭嘉山忠節死 嘆金益淳罪于天] 하였던 장소. 옛 영월관사, 지금은 조계종에서 관리하고 있음.

回顧龜尾工團半世紀

龜尾工團振遠天　구미공단진원천
無窮發展半期年　무궁발전반기년
資材優秀邦邊及　자재우수방변급
製品尖端海外連　제품첨단해외연
經濟伸張功至大　경제신장공지대
雇傭創出業完全　고용창출업완전
勳功中樹孰無仰　훈공중수숙무앙
感嘆市民傳久然　감탄시민전구연

구미공업단지 오십년

구미 공단이 먼 하늘에까지 떨치는데
무궁한 발전이 오십년이 되었네.
우수 자재는 나라 안팎에까지 미치고
첨단 제품은 해외 수출로 이어지더라.
경제 신장으로 공이 지대하고
고용 창출로 산업이 완전하더라.
중수 훈공을 누가 우러러보지 않으리오.
시민들의 감탄이 오랫동안 업적을 전하리라.

• 중수(中樹) : 박정희 대통령 아호.

懷古洛東江泛舟

赤壁船遊壬戌秋　적벽선유임술추
先賢再現洛江流　선현재현낙강류
打舷興看舞雩榭　타현흥간무우사
吹笛欣望觀水樓　취적흔망관수루
波洗長沙光皎潔　파세장사광교결
霧橫兩岸景深幽　무횡양안경심유
醉來謾咏興何盡　취래만영흥하진
絶勝擎天月下遊　절승경천월하유

낙동강 경천대 뱃놀이

임술년 가을 적벽강에서 뱃놀이를 즐기니
선현들 재현에 낙동강이 흐르네.
타현은 흥이 나서 무우사를 바라보고
취적은 기뻐하여 관수부을 보더라.
파도는 긴 백사장을 씻어서 교결에 빛나고
안개는 양 언덕을 비끼어 그윽한 경치너라.
술에 취하여 노래하며 흥을 가히 다하니
절승지 경천대 달 아래서 놀더라.

- 舞雩謝 : 상주 경천대에 있음.　● 觀水樓 : 경천대 절벽에 있는 정자.
- 蘇仙賦 : 소동파의 전후 적벽부. 상주시 낙동강변에 위치한 경천대는 태백산 황지에서 발원한 낙동강 1,300여리 물길 중 경관이 가장 아름답고 경치가 매우 좋아 옛 선현들이 중국의 적벽부라 하였음.

懷古紫陽書堂

省老建堂雄志持　　성노건당웅지지

門人負篋比肩隨　　문인부협비견수

救邦意氣結盟處　　구방의기결맹처

抗日精神培養基　　항일정신배양기

高誨後生傳大道　　고회후생전대도

孔懷先聖作宗師　　공회선성작종사

看難社稷書床閉　　간난사직서상폐

文武兼全竹帛熙　　문무겸전죽백희

제천 자양서당

성노의 건당이 웅지를 가지니
문인들이 책 상자를 지고 어깨를 견주며 따르더라.
나라를 구하는 의기를 결맹하는 곳이요
항일정신을 배양하는 터전이라.
후생을 높게 가르쳐서 대도에 전하고
먼저 성인을 받들어서 종사를 지었도다.
사직을 깊이 근심하여 글과 책상을 닫았으니
문무를 겸직한 것이 역사에 남아 빛나리라.

1889년 춘천에서 제천시 공전리로 이사하여, 후에 자양서사(紫陽書祠)라고 고치고 이 서당에서 후학양성에 전념하였다. 자양영당(紫陽影堂)은 본래 서당으로 주자와 송시열 등의 영정을 봉인하는 곳이었는데, 나중에 제천에서 의병을 일으켰던 유인석 의병장 영정을 모셨다.

- 高誨 : 남을 가르치는 일.　　• 孔懷 : 대단히 사모함.
- 文武兼全 : 문식과 무략을 다 갖춤.

回顧丁酉再亂

和議當年決裂聞　화의당년결렬문
再侵來路兩方分　재침래로양방분
指揮我將堅如鐵　지휘아장견여철
敗走倭兵散若雲　패주왜병산약운
火砲猛攻登陸賊　화포맹공등육적
龜船固禦渡洋軍　구선고어도양군
南原陷落雖悲慘　남원함락수비참
義氣衝天進擊群　의기충천진격군

정유년 재란

화의 당년에 결렬됨을 들으니
재침하여 오는 길이 양 방향〔바다와 육지〕으로 나뉘었도다.
지휘하는 우리 장수들은 쇠와 같이 굳건하고
패주하는 왜병들은 구름같이 흩어지더라.
화포로 육지에 오르는 적을 맹렬히 공격하고
구선으로 바다 건너는 왜군을 굳게 방어하더라.
남원 함락이 비록 비참하나
의기는 충천하여 많은 무리들이 진격하더라.

1597~1598. 임진왜란 후 왜군에 의한 재침 임진왜란 때 패배할 기미가 짙어진 왜군은, 화의가 진행되고 있음을 기화로 본국으로 돌아가기 시작했다. 그러나 화의가 결렬되자 다시 대군을 이끌고 침입하였는데, 이를 정유재란이라 한다. 이순신은 철퇴하는 왜군을 노량에서 치다가 장렬한 최후를 마쳤으며, 적의 군함 2백여 척을 격파하였다. 이로써 전후 7년간의 왜란은 끝났으나, 조선 · 명 · 일본 등 3국에 준 영향은 대단히 컸다.

懷顧處仁城勝捷

抗蒙勝捷處仁城　항몽승첩처인성
弱者制强尤赫名　약자제강우혁명
倡義忠君驅敵將　창의충군구적장
捐身救國統民兵　연신구국통민병
夜攻晝探防群賊　야공주탐방군적
露宿風餐濟衆生　노숙풍찬제중생
善戰金翁欽後學　선전김옹흠후학
芳名偉業萬年亨　방명위업만년형

용인 처인성 승리

몽고를 물리치고 처인성을 승첩하니
약자가 강자를 제압하니 더욱 이름이 빛나더라.
창의 충군으로 적장을 몰아내고
연신 구국에 민병을 거느리더라.
야공 주탐에 탐하여 많은 적을 방어하고
노숙 풍찬에 중생을 구제하더라.
선전하는 김장군을 후학들이 흠모하니
방명위업이 만년까지 형통하리라.

처인성은 일찍부터 교통이 발달해 역사적으로 중요한 전적을 기록하고 있다. 고려시대인 1232년(고종 19) 몽골 장군 살리타[撒禮塔]가 침입하였을 때 고려의 승장(僧將) 김윤후(金允侯)가 이 성에서 격전 끝에 살리타를 사살하여 승리로 이끈 대몽항쟁의 전승지로 유명하다. 처인성 북쪽 들판은 지금도 승장 김윤후가 적장을 사살하였다 하여 사장(射場)터로 불린다. 김윤후는 살리타를 사살한 공으로 상장군을 제수 받았으나 벼슬을 사양했다.

● 夜攻晝探 : 밤에 공격하고 낮에 탐하다.　● 露宿風餐 : 이슬에 잠자고 바람에 밥을 먹음.

懷古巴里長書

長書巴里幾經年　장서파리기경년
獨立吾韓是最先　독립오한시최선
俛老成文鴻業守　면노성문홍업수
心翁送檄大功宣　심옹송격대공선
儒林團合傾誠赫　유림단합경성혁
志士參加盡力全　지사참가진력전
義擧精神垂世界　의거정신수세계
煌煌懿績史中傳　황황의적사중전

프랑스 파리 독립친서

파리장서는 몇 해나 지났는가
우리나라 독립이 최선이더라.
면우 선생이 글을 지어 홍업을 지키고
심산 선생이 격문을 보내니 대공을 베풀더라.
유림 단합하여 정성을 기울여서 빛나고
선비들이 참가하여 힘을 다하여 온전하더라.
의거 정신이 세계에 드리우니
황황 의적이 후손에 전하리라.

居昌에서 처음으로 파리長書 運動이 일어나서 世界國際平和會議가 프랑스에서 開催함을 알고, 1919년 4월 중순에 全國儒林代表 俛宇 郭鍾錫 외 137명의 이름으로, 日本의 奸計를 粉碎하기 위하여 獨立請願書를 提出하여, 세계에 알리고 自主獨立을 일으키는 계기가 됨.

回憶蘭皐生涯

春夏秋冬笠蔽天　춘하추동립폐천
生平放浪幾經年　생평방랑기경년
周遊八道登文士　주유팔도등문사
遍踏三韓進筆仙　편답삼한진필선
叱世才談奇句振　질세재담기구진
警人諧謔妙言連　경인해학묘언연
生涯不遇難言說　생애불우난언설
韻律名詩石刻傳　운률명시석각전

난고 김삿갓

춘하추동에 삿갓으로 하늘을 덮으니
평생 방랑은 몇 년이나 지났는가.
팔도를 두루 돌아 문사에 오르고
삼한을 두루 밟아서 필선에 나가더라.
세상을 질타하는 재담은 기이한 글로 떨치고
해학은 묘한 말로 연결하더라.
불우한 생애는 말로하기 어려우나
운율 명시를 돌에 새기어 전하더라.

• **蘭皐** : 金炳淵의 호. 김병연(1807~1863, 순조7~철종14)은 선천의 부사였던 조부(祖父) 김익순이 홍경래의 난(亂) 때 투항한 죄로 집안이 멸족(滅族)을 당하게 되자, 노목 김성수의 도움으로 가족이 살았음. 사람들은 그의 모습을 보고 삿갓이라고 불렀다.

回憶詩仙蘭皐說話

蘭皐說話莫非眞　난고설화막비진
祖父責詩嘆悖倫　조부책시탄패륜
鳴世弄談儒上赫　명세농담유상혁
驚人諧謔客中彬　경인해학객중빈
冷房宿日思無福　냉방숙일사무복
饐飯逢時怨不仁　의반봉시원불인
運命崎嶇連放浪　운명기구연방랑
險難行路鬱胸伸　험난행로울흉신

시선 김삿갓 설화

난고 설화가 진실하지 않은 것이 없으니
조부를 질책하는 시가 패륜을 탄식하더라.
세상을 울리는 농담은 선비 위에 빛나고
사람을 놀라게 하는 해학은 객 가운데 빛나더라.
냉방에 잠자는 날에는 복이 없는 것을 생각하고
쉰밥을 만날 때는 인하지 않은 것을 원망하더라.
기구한 운명은 방랑으로 이어지니
험난 행로에 답답한 가슴을 펼치리라.